Prof. Dr. med. Peter E. Ballmer • Erica Bänziger

Kochen für das Herz

vegetarisch

Schweizerische Herzstiftung

FONA

Wir danken der Schweizerischen Herzstiftung, Bern, für ihre Beratung und Unterstützung.

Redaktioneller Hinweis
Um die Texte nicht schwerfällig zu machen, haben wir vorwiegend die männliche Form gewählt. Sie steht also stellvertretend für die weibliche. Danke für Ihr Verständnis.

www.fona.ch

Lektorat
Léonie Schmid

Gestaltung
FonaGrafik

Medizinischer Teil und Ernährungskunde (Seiten 12–32)
Prof. Dr. med. Peter E. Ballmer

Rezepte
Erica Bänziger

Foodbilder
Andreas Thumm, Freiburg i. Br.

Druck APPL aprinta druck GmbH, Wemding/DE

ISBN 978-3-03780-670-8

Das Buch erschien gleichzeitig in französischer Sprache unter dem Titel «La cuisine pour le cœur – Plats végétariens», ISBN 978-3-03780-684-5

Inhalt

Rezepte

Vorspeise

Salate

Suppen

Mahlzeiten

Desserts

Anhang

Abkürzungen

EL	gestrichener Esslöffel
TL	gestrichener Teelöffel
dl	Deziliter
ml	Milliliter
l	Liter
Msp	Messerspitze

Die Nährwerte sind für eine Portion berechnet.

«Kochen für das Herz – vegetarisch»

In der Reihe «Kochen für das Herz» hat die Schweizerische Herzstiftung bereits mehrere herzgesunde Kochbücher veröffentlicht.

Diese Kochbücher enthalten Menüs mit Fleisch und Fisch und versprechen trotzdem eine herzgesunde Ernährung. Weshalb jetzt also ein vegetarisches Kochbuch? Nun, einerseits haben Vegetarier gegenüber der Allgemeinbevölkerung ein tieferes Risiko für Diabetes, Krebs, Bluthochdruck und insbesondere Herz-Kreislauf-Krankheiten. Andererseits sprechen in der heutigen Zeit neben gesundheitlichen Aspekten auch ethische, religiöse und ökologische Gründe für eine vegetarische oder gar eine vegane Ernährungsweise.

Bringt eine vegetarische gegenüber der üblichen mediterranen Ernährung gesundheitliche Vorteile? Diese Frage lässt sich bis heute nicht abschliessend klären, denn auch die mediterrane Ernährung ist vom Grundsatz her recht nahe bei der vegetarischen Ernährung. Sie beinhaltet nur wenig Fleisch und Fisch und ist reich an Gemüse, Früchten, pflanzlichen Ölen und wenig verarbeiteten Kohlenhydraten.

Wichtig scheint mir, dass beide Ernährungsformen vollwertig und lustvoll sind. Deshalb haben wir im vorliegenden Kochbuch mediterran und vegetarisch vereint. Das Ergebnis ist eine abwechslungsreiche Kost mit Gemüse, Früchten, Vollkorn- und Milchprodukten, reichlich Hülsenfrüchten, Nüssen und den bekannten gesunden pflanzlichen Ölen.

Im ersten Teil des Buches erfahren Sie Wichtiges über die ernährungsmedizinischen Grundlagen der mediterranen Ernährung, für den zweiten Teil hat Erica Bänziger eine Fülle von genussreichen Rezepten zusammengestellt, die Sie unkompliziert zubereiten können.

Beim Nachkochen der herrlich mundenden Rezepte aus «Kochen für das Herz - vegetarisch» wünsche ich Ihnen viel Genuss und Freude!

Prof. Dr. med. Peter E. Ballmer,
Ernährungsmediziner

Die Schweizerische Herzstiftung

Schweizerische
Herzstiftung

Die Schweizerische Herzstiftung setzt sich mit Forschungsförderung und einer umfassenden Aufklärungsarbeit dafür ein, dass weniger Menschen an Herz-Kreislauf-Leiden erkranken oder dadurch behindert bleiben, Menschen nicht vorzeitig an Herzinfarkt oder Hirnschlag sterben und für Betroffene das Leben lebenswert bleibt. Die 1967 gegründete Stiftung hat sich zum Ziel gesetzt, Patienten und die breite Öffentlichkeit über die Risiken für Herz und Kreislauf, die verschiedenen Krankheitsbilder, Diagnoseverfahren und Therapien, Rehabilitation und Präventionsmöglichkeiten zu informieren. Zudem unterstützt die Schweizerische Herzstiftung Forschungsprojekte in den Bereichen Herz-Gefäss-Krankheiten und Hirnschlag und vergibt jährlich einen Forschungspreis. Mit einem herzgesunden Lebensstil und einer bewussten Ernährung kann jede und jeder Einzelne viel dazu beitragen, dass es erst gar nicht zu einer Erkrankung, einem Herzinfarkt oder Hirnschlag kommt. Ihre Spende hilft, diese Tätigkeiten im Dienst der Betroffenen und der gesamten Bevölkerung fortzuführen. Herzlichen Dank für Ihre Unterstützung!

1. Medizinischer Teil

Weshalb eine herzgesunde Ernährung?

Kaum eine andere Gruppe von Krankheiten wird durch unseren Lebensstil so stark beeinflusst wie diejenige des Herz-Kreislauf-Systems. Obwohl über die Ursachen dieser Erkrankungen heute viel Wissen vorhanden ist und die wichtigsten Risikofaktoren bekannt sind, stehen diese Leiden nach wie vor an der Spitze der Todesursachen der Bevölkerung in den industrialisierten Ländern, so auch in der Schweiz. Dabei ist seit langem klar: Würde das Vorbeugungspotenzial besser genutzt, liesse sich mehr als die Hälfte der Herz-Kreislauf-Krankheiten vermeiden oder ihr Auftreten zumindest hinauszögern und damit die Zahl der krankheitsfreien Lebensjahre erhöhen.

Der Ernährung kommt in der Prävention eine besondere Bedeutung zu. Denn durch eine falsche Ernährung werden mehrere Risikofaktoren direkt und indirekt gefördert und die Wegbereiterin dieser Erkrankungen, die Arteriosklerose («Arterienverkalkung»), begünstigt. Eine herzgesunde Ernährung leistet einen wichtigen und erst noch schmackhaften Beitrag zur Vorbeugung einer Gefässkrankheit, die unter anderem zu Herzinfarkt, Beinarterienverschluss oder Hirnschlag führen kann.

Arteriosklerose als Grundübel

Die Arteriosklerose ist die Grunderkrankung zahlreicher Herzkrankheiten und liegt oft auch bei einem Hirnschlag vor. Die Gefässe verengen sich aufgrund von entzündlichen Prozessen und Einlagerungen. Zu den beeinflussbaren Risikofaktoren, welche die Blutgefässe schädigen, zählen Zigarettenrauchen, Zuckerkrankheit (Diabetes Typ 2), erhöhte Blutfettwerte, Bluthochdruck und mangelnde körperliche Aktivität. Der einsetzende Arteriosklerose-Prozess ist gekennzeichnet durch Fettdepots, die in die Gefässinnenwand abgelagert werden. Dies kann bereits im Kindesalter beginnen. Später kommt es zu Wucherungen umliegender Zellen und Kalkeinlagerungen. Im Volksmund ist deshalb auch von «Arterienverkalkung» die Rede. Durch die arteriosklerotischen Ablagerungen (Plaques) wird das Gefäss verengt, teilweise oder gar vollständig verschlossen. Die Arteriosklerose kann alle Arterien des Körpers befallen. Besonders gefährlich wird es, wenn sie in den Herzkranzgefässen, in den Hals- oder Hirnarterien entsteht, da diese die Blutversorgung von Herz und Hirn sicherstellen müssen.

Ernährung und Arteriosklerose

In gewissen nordischen Ländern erleiden mehr Menschen einen Herzinfarkt als in Italien, Portugal oder in der Schweiz. In der Sieben-Länder-Studie (*Seven Countries Study*, begonnen in den späten Fünfzigerjahren des letzten Jahrhunderts) wurden in Griechenland, Italien, dem früheren Jugoslawien, den Niederlanden, Finnland, den USA und Japan die Essgewohnheiten und der Gesundheitszustand der Bevölkerung untersucht. Die Auswertung bestätigte die lange gehegte Vermutung, dass die Unterschiede bezüglich der Häufigkeit von Herz-Kreislauf-Erkrankungen mit den Ernährungsgewohnheiten zusammenhängen und somit die Ernährung die Gesundheit der Blutgefässe und des Herzens direkt und sehr wesentlich beeinflusst. Die Studie bildete schliesslich die Grundlage für das Konzept der mediterranen Ernährung, das auf Seite 17. vorgestellt wird. Seitdem haben weitere Studien diese Erkenntnis bekräftigen können.

Wenden wir uns vorerst den wichtigsten, den Arteriosklerose-Prozess beeinflussenden Ernährungsgewohnheiten zu.

Blutfettwerte und Arteriosklerose

Dass erhöhte Blutfettwerte einen Zusammenhang mit der Entstehung der Arteriosklerose haben, konnte durch grosse Studien belegt werden.

Die Blutfette setzen sich hauptsächlich aus folgenden Komponenten zusammen:

- **LDL-Cholesterin** (LDL = low density lipoprotein)
- **HDL-Cholesterin** (HDL = high density lipoprotein)
- **Triglyzeride** (Neutralfette)

Blutfette sind für uns wichtig. Der Körper braucht sie zum Beispiel zur Produktion von Zellwänden, Nervengewebe und Hormonen. Bei zu hohen Werten haben aber vor allem das LDL-Cholesterin und in geringerem Mass die Triglyzeride eine ungünstigen Einfluss auf unsere Blutgefässe. Im Gegensatz zum LDL-Cholesterin hat das HDL-Cholesterin eine schützende Wirkung hinsichtlich der Arteriosklerose. Es kann überschüssiges Cholesterin abführen, darunter auch solches, das sich bereits in den Blutgefässen eingenistet hat. Unser Ziel sollte deshalb sein, das LDL-Cholesterin tief zu halten und das HDL-Cholesterin anzuheben. Verschiedene Massnahmen können helfen, dieses Ziel zu erreichen.

Wie kann ich mein Cholesterin positiv beeinflussen?

- Körperliche Aktivität. Frauen und Männer im erwerbsfähigen Alter und robuste ältere Erwachsene sollten mindestens 2½ Stunden Bewegung pro Woche in Form von Alltagsaktivitäten oder Sport mit mindestens mittlerer Intensität bzw. 1¼ Stunden Sport oder Bewegung mit hoher Intensität durchführen. Eine mittlere Intensität weisen körperliche Aktivitäten auf, bei denen man zumindest etwas ausser Atem, aber nicht unbedingt ins Schwitzen kommt. Wer aufgrund von Einschränkungen nicht in der Lage ist, diese Empfehlungen zu erreichen, soll sich so viel wie möglich bewegen. Auch weniger Bewegung hat bereits einen positiven Effekt auf die Gesundheit.
- Das durch die Nahrung aufgenommene Cholesterin hat keinen relevanten Einfluss auf die Cholesterinwerte im Blut.

Welcher Cholesterinwert ist der richtige für mich? Wann soll ich das Blutcholesterin bestimmen lassen? Fragen, die sich viele Menschen stellen. Die medizinischen Experten haben in den letzten Jahren Richtlinien erarbeitet und dabei die behandlungsbedürftigen Blutcholesterinwerte festgelegt. Diese sind abhängig vom Herz-Kreislauf-Erkrankungsrisiko. Leidet zum Beispiel ein Patient bereits an Arteriosklerose und hat einen Herzinfarkt erlitten, hat er ein erhöhtes Risiko, einen weiteren zu erleiden. Um das Risiko zu senken, wird ihm der Arzt zu einer konsequenten Behandlung der Blutfettwerte raten. Dies beinhaltet in erster Linie einen gesunden Lebensstil, aber auch die Einnahme von Medikamenten.

Bei Menschen ohne Anzeichen von Arteriosklerose und ohne weitere Risikofaktoren sind auch höhere Cholesterinwerte zulässig. Hier genügt es, eine mediterrane Ernährungsweise, ein normales Gewicht und die Sicherstellung der körperlichen Aktivität beizubehalten, um die Gefahr von Herz-Kreislauf-Erkrankungen zu senken.

Ohne familiäre Veranlagung für eine Herz-Kreislauf-Krankheit ist es ratsam, spätestens ab dem Alter von 40 Jahren die Blutfette bestimmen zu lassen. Sind die Cholesterinwerte normal, ernährt sich die Person gesund und bewegt sich regelmässig, empfiehlt es sich, nach jeweils fünf weiteren Jahren das Blutcholesterin wieder bestimmen zu lassen. Menschen mit einer familiären Belastung sollten ihre Blutfette früher bestimmen lassen.

Öle und Fette in der Nahrung

Öle und Fette setzen sich aus Glycerin und Fettsäuren zusammen. Der Aufbau der Fettsäuren bestimmt die Art des Fettes. Die verschiedenen Fette in der Nahrung beeinflussen die Blutfette respektive die Arteriosklerose in unterschiedlicher Weise. In der Regel gilt:

Das Fett in weissen Fleischsorten (Geflügel) ist nach heutiger Auffassung gesünder als dasjenige in roten (Rind, Schwein, Lamm usw.). Es gibt Hinweise, dass vor allem verarbeitete (gepökelte) Fleischsorten, d. h. Speck, Wurstwaren usw., die Herz-Kreislauf-Erkrankungen fördern.

Fette mit einfach ungesättigten und bestimmte mit mehrfach ungesättigten Fettsäuren haben einen günstigen Einfluss auf die Blutgefässe.

Einfach ungesättigte Fettsäuren kommen reichlich in Olivenöl und Rapsöl, aber auch in Mandeln, Haselnüssen, Avocados und anderem mehr vor.

Zu den mehrfach ungesättigten Fettsäuren mit einer schützenden Wirkung vor Herz-Kreislauf-Krankheiten gehört die Alpha-Linolensäure. Es handelt sich dabei um eine kurzkettige Omega-3-Fettsäure, eine Vorstufe der Fischöle. Sie ist reichlich im Rapsöl sowie in anderen pflanzlichen Produkten wie zum Beispiel Baumnüssen oder Portulak enthalten. Auch den Omega-3-Fettsäuren DHA (Docosahexaensäure) und EPA (Eicosapentaensäure), wie sie besonders in Fischen kalter Gewässer – zum Beispiel Lachs, Hering, Makrele – reichlich vorhanden sind, werden positive Eigenschaften im Sinn einer Risikoreduktion der Herz-Kreislauf-Erkrankungen zugesprochen.

Damit die Omega-3-Fettsäuren ihre positive Wirkung entfalten können, muss der Verzehr von Omega-6-Fettsäuren eingeschränkt werden. Sie sind reichlich in Pflanzenölen, vor allem in Sonnenblumen- und Distelöl, zu finden, die deshalb heute nicht mehr empfohlen werden können (Ausnahme: High-Oleic-Sonnenblumenöl zum Frittieren).

Zusammenfassend kann gesagt werden, dass einfach ungesättigte Fettsäuren (reichlich enthalten in Oliven- und Rapsöl) zu bevorzugen sind, da sie eine Schutzwirkung auf unsere Blutgefässe haben und das Fortschreiten der Arteriosklerose wahrscheinlich bremsen.

Die früher empfohlene fettarme Ernährung hat keinen Vorteil in der Prävention von Herz-Kreislauf-Erkrankungen gezeigt; entscheidend ist nach heutigen Erkenntnissen die Qualität der Fette.

Antioxidantien

Die in der Nahrung vorkommenden natürlichen Antioxidantien wie Vitamin E, C, Betakarotin und viele sekundäre Pflanzenstoffe (z. B. polyphenolische Verbindungen wie die Flavonoide) schützen unseren Körper vor reaktiven Sauerstoffverbindungen. Dabei handelt es sich um natürliche chemische Verbindungen, welche in hohen Konzentrationen toxisch sind. Sie schädigen das Gewebe und die Zellen und beschleunigen die Alterungsprozesse sowie die Arteriosklerose und führen zu einem vorzeitigen Tod.

Antioxidantien verhindern solche Schädigungen. Es gibt viele Hinweise, dass diese Substanzen die Arteriosklerose wirksam verlangsamen und dass eine ausgewogene, erhöhte Zufuhr durch die Nahrung vor Herz-Kreislauf-Krankheiten schützen kann. Die grosse Menge von Antioxidantien, die südliche Völker insbesondere durch den Früchte- und Gemüsekonsum zu sich nehmen, ist nach heutigen Erkenntnissen ein entscheidender Grund für deren niedrigeres Risiko, an Herz-Kreislauf-Erkrankungen zu sterben.

Leider gibt es kein Patentrezept für die Zufuhr der täglichen Menge an Antioxidantien, die einen optimalen Schutz gewährleisten würde. Aufgrund vieler grosser Studien wissen wir heute aber, dass Antioxidantien in Form von Pillen den erhofften Effekt nicht erzielen – es braucht offenbar die Gesamtheit der gesunden, mediterranen Ernährung, um uns zu schützen. Es gilt deshalb die einfache Empfehlung, sich mediterran zu ernähren und täglich viele Früchte und Gemüse (Richtwert fünf Portionen pro Tag, eine Portion entspricht einer Handvoll Früchten oder einem Beilagesalat oder Beilagegemüse) zu konsumieren.

Alkohol

Ob Alkohol in kleinen Mengen einen leichten gesundheitlichen Nutzen hat, wird immer wieder kontrovers diskutiert. Wer bisher keinen Alkohol konsumiert hat, sollte keinesfalls aufgrund eines möglichen Schutzeffekts auf das Herz-Kreislauf-System mit Trinken beginnen.

Ein höherer Alkoholkonsum bei Frauen führt zu einem sprunghaften Anstieg des Brustkrebsrisikos. Bei beiden Geschlechtern erhöht Alkoholkonsum über das empfohlene Mass hinaus das Erkrankungsrisiko für verschiedene Krebsarten des Magen-Darm- und Rachenbereichs (insbesondere Speiseröhrenkrebs), für Leberzirrhose, Bauchspeicheldrüsenentzündung (Pankreatitis), Bluthochdruck, Vorhofflimmern, Hirnblutung und viele Erkrankungen mehr.

Regeln für (wahrscheinlich) sicheres Trinken alkoholischer Getränke für Menschen ohne Suchtneigung und ohne Lebererkrankung

für Frauen max. 1 dl Wein respektive 3 dl Bier pro Tag
für Männer max. 2 dl Wein respektive 6 dl Bier pro Tag

- Wein (oder Bier) **mit den Mahlzeiten** konsumieren
- **keine Trinkexzesse**
- **hochprozentige Alkoholika** gehen mit einem erhöhten Krebsrisiko einher und sollten deshalb nicht konsumiert werden
- kein Alkohol in der **Schwangerschaft**
- **Wer fährt, trinkt nicht!**
- mindestens **2 bis 3 alkoholfreie Tage** pro Woche

Mediterrane Ernährungsweise

Als Paradebeispiel einer gesunden Ernährung für das Herz-Kreislauf-System – auch zur Vorbeugung zahlreicher Krebsarten – wird heute die mediterrane Ernährung (Mittelmeerernährung) empfohlen.

Charakteristika der typischen traditionellen mediterranen Ernährungsweise

- reichlich einfach ungesättigte Fettsäuren
- relativ viel Omega-3-Fettsäuren
- reichlich Früchte, Gemüse und Salat, Kräuter und Gewürze
- reichlich Getreideprodukte (Brot, Teigwaren, Reis u. a. m.)
- wenig Fleisch

Wie können diese Vorgaben in der Praxis umgesetzt werden?

Reichlich einfach ungesättigte Fettsäuren: Olivenöl und Rapsöl

Pflanzliche Öle sind tierischen Fetten vorzuziehen. Der hohe Anteil an Olivenöl ist ein besonderes Merkmal der mediterranen Ernährungsweise. Die im Olivenöl reichlich vorhandene Ölsäure gehört zu den einfach ungesättigten Fettsäuren. Warum Olivenöl eine Schutzwirkung auf die Gefässe ausübt, hat sich noch nicht in allen Einzelheiten klären lassen. Olivenöl enthält reichlich Antioxidantien (z. B. Vitamin E), welche günstige Auswirkungen auf die Gefässgesundheit haben. In unseren Breitengraden ist besonders das Rapsöl zu erwähnen und zu bevorzugen, das reich an einfach ungesättigten Fettsäuren (vergleichbar mit dem Olivenöl) ist und zusätzlich Alpha-Linolensäure enthält. Allerdings gibt es auch pflanzliche Fette wie Kokos- und Palmfett, die keine oder nur wenige ungesättigte Fettsäuren enthalten. Diese sollten nur sparsam eingesetzt werden.

Relativ viel Omega-3-Fettsäuren

Pflanzliche (z. B. Alpha-Linolensäure im Rapsöl oder in Baum-/Walnüssen) und tierische (z. B. Fischöle) Omega-3-Fettsäuren verhindern oder bremsen arteriosklerotische Ablagerungen. In der Herzstudie von Lyon (siehe Seite 20) konnte mit einer an Alpha-Linolensäure reichen mediterranen Ernährung ein zweiter Herzinfarkt bei mehr als der Hälfte der Patienten mit einem bereits überstandenen Infarkt verhindert werden.

Reichlich Früchte, Gemüse und Salate sowie Kräuter und Gewürze

Früchte und Gemüse sowie Salate sind reich an sekundären Pflanzeninhaltsstoffen wie antioxidativen Vitaminen (z. B. Vitamin C, Betakarotin) und phenolischen Verbindungen wie den Flavonoiden (z. B. Kohlsorten, Äpfel usw.), welche die Arteriosklerose bremsen können. Empfohlen wird, mindestens fünf Portionen Früchte und/oder Gemüse täglich zu essen, davon vorzugsweise zwei Portionen in roher Form (z. B. einen Apfel sowie eine Portion grünen Salat). Die aromatischen südlichen Kräuter und Gewürze sind ebenfalls reich an phenolischen Antioxidantien und dürfen deshalb auf dem Speisezettel nicht fehlen.

Reichlich Getreideprodukte

Komplexe Kohlenhydrate (z. B. Stärke) in Brot und Teigwaren sind sehr geeignete Energielieferanten und sollten gegenüber einfachen Zuckern bevorzugt werden. Personen mit Diabetes (Zuckerkrankheit) sollten sich bei der Zufuhr von Kohlenhydraten an die Empfehlungen des behandelnden Arztes und der Diabetes- resp. Ernährungsberaterin halten. Grundsätzlich ist eine strikte mediterrane Ernährung für diabeteskranke Menschen aber empfehlenswert.

Wenig Fleisch

Neuere Studien deuten darauf hin, dass ein regelmässiger Verzehr von rotem und vor allem von verarbeitetem Fleisch das Krebsrisiko, insbesondere dasjenige für Darmkrebs, erhöhen könnte. Fleisch weist zudem eine schlechte Umweltbilanz auf, das heisst, für Produktion und Transport wird viel Energie verbraucht. Geflügelfleisch schneidet hinsichtlich obengenannter Punkte besser ab, ist also rotem Fleisch vorzuziehen. Generell empfehlen wir, aus gesundheitlicher und ökologischer Sicht weniger Fleisch und wenn möglich aus tiergerechter respektive biologischer Haltung zu konsumieren. Der Proteinbedarf kann auch problemlos mit Eiern, Milchprodukten sowie pflanzlichen eiweisshaltigen Lebensmitteln wie Bohnen, Linsen oder Soja gedeckt werden.

Und ein Glas Wein?

Die allfälligen Vorteile eines geringen Alkoholkonsums und die gesundheitsgefährdenden, tödlichen Auswirkungen eines übermässigen Konsums wurden bereits erläutert. Unter Beachtung der Trinkregeln ist ein moderater Alkoholkonsum vertretbar.

Mediterrane Ernährung streng wissenschaftlich (Lyon-Herzstudie)

Die Zusammenhänge zwischen Herz-Kreislauf-Erkrankungen und Ernährungsweise wurden in mehreren Studien untersucht. Durch Vergleiche des Essverhaltens verschiedener Bevölkerungsteile beziehungsweise Völker mit der Häufigkeit gewisser Krankheiten wurden Rückschlüsse auf die Ursachen der Herz-Kreislauf-Erkrankungen gewonnen. Obgleich diese Zusammenhänge über die Jahrzehnte recht logisch schienen, fehlte letztlich der Beweis, dass die mediterrane Ernährung vor Herzinfarkt schützt.

In den 1990-er Jahren haben französische Wissenschaftler (Michel de Lorgeril und Serge Renaud, Lyon) erstmals die Ernährungsumstellung bei Patientinnen und Patienten, die einen Herzinfarkt erlitten hatten, studiert. Man untersuchte und beobachtete 600 Betroffene, die nach erlittenem Herzinfarkt medizinisch korrekt versorgt wurden und die üblichen Medikamente erhielten. Die Hälfte davon wurde auf eine mediterrane Ernährung umgestellt, entsprechend geschult und während Jahren regelmässig kontrolliert. Sie erhielten folgende Anweisungen:

- mehr Gemüse
- mehr Fisch
- weniger Fleisch. Rind, Lamm- sowie Schweinefleisch durch Geflügel ersetzen
- kein Tag ohne Frucht
- Ersatz von Butter und Rahm durch eine spezielle Margarine auf Basis von Rapsöl
- mehr Brot
- moderater Weinkonsum zu den Mahlzeiten

Resultate nach Abschluss der Lyon-Herzstudie	**Ohne** mediterrane Ernährung	**Mit** mediterraner Ernährung
verstorben an Herzkrankheit	19	6
nicht tödlicher Herzinfarkt	25	8
Total	44	14

Schon im ersten Studienzwischenbericht nach 27 Monaten zeigte sich eine deutliche Reduktion tödlicher und nicht tödlicher Herzinfarkte und eine verminderte Gesamtsterblichkeit der mediterran ernährten Gruppe im Vergleich zu derjenigen mit den damals üblichen Ernährungsanweisungen. Diese günstigen Resultate konnten bei Abschluss der Studie nach vier Jahren bestätigt werden.

Mit der Lyon-Studie konnte die Überlegenheit der mediterranen Ernährung für Menschen mit Arteriosklerose und Herzinfarkt eindeutig belegt werden. Diese gesunde Ernährung bietet somit Herzpatientinnen und -patienten und allen, die zu Herz und Gefässen Sorge tragen wollen, die Möglichkeit, einer Arteriosklerose und ihren tödlichen Folgen vorzubeugen oder diese zumindest hinauszuzögern. Diese Resultate wurden seither mehrfach mit anderen Studien bestätigt.

Besonders erwähnenswert ist an dieser Stelle eine 2016 erschienene, gross angelegte spanische Studie von Ramon Estruch und Mitautoren, welche im renommierten *New England Journal of Medicine* publiziert wurde. Über 7000 Personen mit hohem Risiko für eine Herz-Kreislauf-Erkrankung wurden in drei Gruppe eingeteilt mit jeweils folgenden Ernährungsempfehlungen:

1. eine mediterrane Ernährung plus ein Liter Olivenöl wöchentlich
2. eine mediterrane Ernährung plus 30 g ungesalzene Nüsse täglich (15 g Baum-/Walnüsse, 7½ g Haselnüsse und 7½ g Mandeln)
3. eine herkömmliche Ernährung mit dem Ziel, den Fettkonsum zu reduzieren

Nach rund fünf Jahren zeigte sich in beiden Gruppen mit mediterraner Ernährung verglichen mit der dritten Gruppe eine signifikante Reduktion von Herz-Kreislauf-Ereignissen von rund 30 %, wobei sich die Häufigkeit von Hirnschlägen am markantesten gesenkt hatte.

2. Ernährungskunde

Makronährstoffe / Inhaltsstoffe

Kohlenhydrate / Zucker

Sowohl komplexe Kohlenhydrate wie zum Beispiel in Getreide als auch raffinierter Zucker werden im menschlichen Organismus über Traubenzucker zu Kohlensäure und Wasser abgebaut. Beim Abbau werden Energien frei, von denen der Mensch lebt. Kohlenhydrate sind denn auch mengenmässig wichtige Energielieferanten. Auf raffinierten Zucker sollte allerdings weitgehend verzichtet werden. Das gilt insbesondere für Süssgetränke, aber auch Fruchtsäfte sollten nur massvoll konsumiert werden. Bei hohem Konsum dieser Getränke respektive von raffiniertem Zucker kann die Konzentration der Triglyzeride im Blut ansteigen, was heute als zusätzlicher Risikofaktor für Herz-Kreislauf-Erkrankungen bewertet wird. Viele Lebensmittel enthalten zudem nebst grossem Zuckeranteil auch viele versteckte Fette von geringer Qualität.

Fette und Öle

Fette sind wichtige Energielieferanten. Im Vergleich zu den Kohlehydraten stehen sie aber weniger rasch zur Verfügung und dienen in erster Linie der Speicherung von Energie. Aus gesundheitlicher Sicht ist gemäss neueren ernährungswissenschaftlichen Erkenntnissen die Fettqualität von weit grösserer Bedeutung als die Fettmenge.
In der traditionellen mediterranen Ernährung ist der Fettkonsum recht hoch. Es handelt sich dabei aber vorwiegend um gesundes Pflanzenöl, hauptsächlich Olivenöl, welches reich an einfach ungesättigten Fettsäuren ist. Weitere ideale Fettquellen sind die im Fisch enthaltenen Omega-3-Fettsäuren Eicosapentaensäure (EPA) und Docosahexaensäure (DHA) sowie die in gewissen Pflanzen vorkommende Alpha-Linolensäure (ALA). Der Körper kann ALA in EPA und DHA umwandeln, jedoch nur in kleinen Mengen. Deshalb ist für Vegetarier ein ausreichender Konsum von pflanzlichen Omega-3 Fettsäure-Quellen besonders wichtig. Eventuell kann mit Lebensmitteln, die mit EPA und DHA angereichert sind, respektive mit Supplementen auf Algen-Basis nachgeholfen werden. Öle mit vorwiegend mehrfach ungesättigten Fettsäuren in Form der Linolsäure (Sonnenblumenöl, Distelöl usw.) sind ungünstige Fettquellen und können heute in grösseren Mengen nicht mehr empfohlen werden. Olivenöl und insbesondere auch Rapsöl (reich an Alpha-Linolensäure) sind zu bevorzugen.

Welche Öle und Fette für welchen Zweck?

In der warmen Küche muss bei der Wahl des geeigneten Öls beziehungsweise Fetts berücksichtigt werden, dass nicht jedes Produkt hitzestabil ist und sich ohne Qualitätseinbusse verwenden lässt. Hingegen spielt es aus gesundheitlicher Sicht keine Rolle, ob kaltgepresstes oder raffiniertes Öl verwendet wird. Die Wahl hängt vielmehr vom Geschmack ab. Kaltgepresste Öle haben einen relativ starken Eigengeschmack, raffinierte Öle hingegen sind geschmacksneutraler und auch haltbarer. Sie eignen sich für die warme Küche besser.

Für die kalte Küche

Oliven- und Rapsöl sind zu bevorzugen. Leinöl oxidiert sehr rasch und verliert damit seine gesunde Wirkung.

Für die warme Küche

Olivenöl ist relativ hoch erhitzbar und deshalb auch für die warme Küche bis 180 °C bestens geeignet. Die Alpha-Linolensäure im Rapsöl wird durch hohe Hitze zerstört und wird deshalb vorwiegend für die kalte Küche empfohlen. Neuere, entsprechend (nicht gentechnisch!) gezüchtete Ölsaaten, die so genannten «High-oleic»-Öle, sind zum starken Erhitzen und Frittieren auch wegen ihrer Fettqualität am besten geeignet. Dabei muss auf eine exakte Deklaration des Produkts als sogenannt «HOLL» oder «High-oleic»-Öl unbedingt geachtet werden. In der Schweiz gibt es Rapsöl und Sonnenblumenöl in dieser Qualität. Beide sind aus gesundheitlicher Sicht für das starke Erhitzen respektive das Frittieren von Speisen empfehlenswert. Für alle Öle gilt: beim Erhitzen nie den Rauchpunkt erreichen.

Als Streichfett

Ein massvoller Konsum von Butter als Brotaufstrich ist sicher nicht schädlich, von der reinen Butterküche bei der Zubereitung von warmen Mahlzeiten sollte aber Abstand genommen werden. Falls eine Margarine bevorzugt wird, sind diejenigen Podukte mit einem hohen Anteil an Rapsöl empfehlenswert. Für Liebhaber von Mayonnaise: kommerzielle Produkte auf Basis von Rapsöl verwenden oder gleich selbst mit Rapsöl zubereiten!

Proteine (Eiweisse)

Unser Körper kann aus Proteinen zwar ebenfalls Energie gewinnen. In erster Linie sind sie aber als Bausteine bedeutend und erfüllen vielfältige Funktionen: Sie dienen dem Aufbau von Zellen und Membranen, sie ermöglichen die Muskelkontraktion, als Antikörper und Gerinnungsfaktoren bieten sie Schutz und als Enzyme katalysieren sie die biochemischen Reaktionen in unserem Körper. Grundelemente der Proteine sind Aminosäuren, die in verschiedenen Kombinationsmöglichkeiten die Proteine aller Lebewesen - Mensch, Tier, Pflanze, Mikroorganismen - bilden.
Viele Aminosäuren kann der menschliche Körper selbst herstellen. Man spricht hier von den nicht essentiellen Aminosäuren. Einige müssen aber über die Nahrung aufgenommen werden. Diese Aminosäuren heissen essentielle Aminosäuren. Damit genügend Aminosäuren für die oben beschriebenen Funktionen zur Verfügung stehen, sollte täglich pro Kilogramm Körpergewicht zirka ein Gramm Protein mit der Nahrung aufgenommen werden. Wichtig ist zudem, dass die Proteine über alle Mahlzeiten verteilt verzehrt werden. Bei einer 75 Kilogramm schweren Person also zum Beispiel je 25 Gramm zum Frühstück, Mittag- und Abendessen.

Tierische Proteine aus Fleisch, Milchprodukten und Eiern sind den menschlichen ähnlicher und können daher effizienter zum Aufbau körpereigener Proteine genutzt werden. Daher haben tierische Proteine eine hohe biologische Wertigkeit. Mit Ausnahme von Sojaeiweiss haben pflanzliche Eiweisse (z. B. aus Getreide und Hülsenfrüchten) eine niedrigere biologische Wertigkeit. Die Proteine aus Getreide und Hülsenfrüchten ergänzen sich jedoch. Aminosäuren, die im Getreide kaum vorkommen, sind in Hülsenfrüchten reichlich enthalten und umgekehrt.

Fazit: Auch ohne Fleisch und Fisch kann durch den Verzehr von Milchprodukten und Eiern zusammen mit beispielsweise Hülsenfrüchten der tägliche Eiweissbedarf gut gedeckt werden. Wer sich vegan ernährt, also vollständig auf tierische Produkte verzichtet, sollte Getreideprodukte und Hülsenfrüchte kombiniert respektive am gleichen Tag essen.

Vitamine

Vitamine sind lebenswichtige Bestandteile unserer Ernährung. Sie sind bei fast allen Stoffwechselprozessen beteiligt. Eine Unterversorgung kann zu den klassischen Mangelerkrankungen führen. Müdigkeit, Konzentrationsstörungen, Kopfschmerzen, Magen-Darm-Beschwerden und Hautveränderungen können Anzeichen einer Unterversorgung sein. Insbesondere die Vitamine E, C und Betakarotin, die in beachtlichen Mengen in Früchten und Gemüse enthalten sind, beugen Herz-Kreislauf-Krankheiten vor. Mit ihrer antioxidativen Wirkung sind sie in der Lage, die im Organismus vorhandenen freien Sauerstoffradikale abzufangen und damit unschädlich zu machen. Da das Vitamin B12 fast nur in tierischen Produkten vorkommt, wird bei einer veganen Ernährung die Einnahme von Supplementen empfohlen.

Vitamin D ist allgemein in wenig Lebensmitteln enthalten, der Körper bildet es aber selbst unter Einwirkung von Sonnenlicht. In den sonnenarmen Monaten Oktober bis Mai sowie ab Alter 65 reicht die körpereigene Bildung von Vitamin D oft nicht aus. Deshalb sollte in diesen Fällen mit Supplementen nachgeholfen werden.

Folsäure

Folsäure spielt als Coenzym bei verschiedenen Stoffwechselvorgängen eine wichtige Rolle. Folsäure in grösserer Menge ist vor allem in grünem Gemüse wie etwa Federkohl, Rosenkohl, Erbsen, Brokkoli und Kopfsalat, aber auch in gewissen mit Folsäure angereicherten Lebensmitteln enthalten. Bei den Früchten sind Erdbeeren, Süsskirschen und Orangen zu erwähnen. Reich an Folsäure sind z. B. auch Dinkel, Weizen und Roggen sowie Nüsse, Hülsenfrüchte, Eigelb und Leber. Die präventive Wirkung von Folsäure bei Herz-Kreislauf-Erkrankungen ist umstritten. Hingegen ist Folsäure von grosser Wichtigkeit für die Verhinderung von Neuralrohrdefekten beim Ungeborenen wie der Spina bifida (offener Rücken).

Nahrungsfasern

Die Nahrungsfasern wurden früher Ballaststoffe genannt. Ihre Bedeutung für unsere Gesundheit ist bis heute nicht abschliessend geklärt. Sie kommen in pflanzlichen Nahrungsmitteln, das heisst im Gemüse, in Früchten und im Getreide vor. Sie dienen der Pflanze unter anderem als Gerüstsubstanz sowie als Füll- und Schutzmaterial. Nahrungsfasern können viel Wasser binden, was eine ganze Reihe von Vorteilen hat. Durch das grössere Volumen verweilen die Speisen länger im Magen, was zu einer längeren Sättigung führt. Ausserdem können Nahrungsfasern einen geregelten Stuhlgang unterstützen.

Sekundäre Pflanzenstoffe

Sekundäre Pflanzenstoffe sind Substanzen mit unterschiedlichen Stoffwechselwirkungen. Die Forschung hat gezeigt, dass es in pflanzlichen Nahrungsmitteln viele Stoffe gibt, deren spezifische Wirkung wir noch nicht kennen oder von denen wir noch nicht wissen, in welcher Dosierung sie zu empfehlen sind. Sicher ist jedoch, dass die sekundären Pflanzenstoffe in der Konzentration, wie sie in Pflanzen und im Gemüse vorkommen, eine gesundheitsfördernde Wirkung haben. Sekundäre Pflanzenstoffe machen die Vielfalt der Farben, Geruchs- und Geschmacksstoffe von Früchten und Gemüse aus und schützen sie vor Befall von Schädlingen und vor dem Verderb. Die Pflanzenstoffe wirken antioxidativ und dadurch krebs- und entzündungshemmend und bremsen, wie bereits mehrfach erwähnt, die Entwicklung der Arteriosklerose. Die Empfehlung lautet deshalb, mindestens fünf Portionen Früchte und Gemüse täglich zu konsumieren. Dabei ist ratsam, zwei Portionen roh zu essen.

Lebensmittel

Getreide, Reis, Mais

Weizen, Dinkel, Gerste, Hafer, Hirse, Roggen, Buchweizen, Reis, Mais und daraus hergestellte Produkte (Flocken, Schrot, Mehl, Brot, Teigwaren usw.) nehmen in einer gesunden Ernährung eine zentrale Rolle ein. Das ganze Korn enthält viele Faserstoffe (Ballaststoffe), natürliches hochwertiges Eiweiss, natürlichen Zucker, ungesättigte Fettsäuren, Mineralstoffe und Vitamine (vor allem Vitamine des B-Komplexes). Getreide und daraus hergestellte Produkte wie Teigwaren oder Brot sind Energielieferanten erster Güte. Sie zählen zu den schnellen Energielieferanten, und nicht benötigte Kohlenhydrate werden als rasch verfügbare Energiereserven in Form von Glykogen in der Leber und in den Muskeln bereitgestellt. Dank ihrer Quellfähigkeit tragen die im Korn enthaltenen Nahrungsfasern zur Sättigung bei, sie regen die Darmtätigkeit an und können Schadstoffe binden. Produkte aus Getreide, Reis und Mais spielen auch bei einer bedarfsgerechten Eiweissversorgung eine zentrale Rolle, bestehen sie doch zu rund 10 Prozent aus Proteinen.

Kartoffel

Die Knolle ist reich an Vitamin C und Kalium. Der Eiweissgehalt beträgt rund 10 Prozent und ist von hoher Qualität. Obwohl die Kartoffel zu den Gemüsen zählt, enthält sie viele Kohlenhydrate und ist deshalb wie das Getreide eine vollwertige Beilage zu einer Mahlzeit.

Hülsenfrüchte

Zu den Hülsenfrüchten zählen Linsen, Kichererbsen und Bohnenkerne (weisse Bohnen, rote Bohnen, schwarze Bohnen, Sojabohnen usw.). Sie sind reich an Proteinen und gelten bei fleisch- oder fischlosen Gerichten als wertvolle Eiweisslieferanten.

Früchte und Gemüse

Das Angebot an Früchten und Gemüse ist beachtlich. Ein Früchte- und Gemüsemarkt, ob Wochenmarkt unter freiem Himmel, beim Grossverteiler oder beim Gemüsebauern, macht Lust auf knackiges Gemüse und saftige Früchte. Sie haben nicht nur bezüglich Geschmack, sondern auch was die Inhaltsstoffe anbelangt, viel zu bieten. Je abwechslungsreicher und saisonaler wir unsere Ernährung gestalten, desto besser wird auch unsere Versorgung mit den lebensnotwendigen Nährstoffen sein.

Käse, Joghurt und weitere Milchprodukte

In den mediterranen Ländern wird eher wenig Milch konsumiert. Trotzdem ist der Einbezug von Milchprodukten wichtig, um den täglichen Kalziumbedarf von 1000 bis 1500 mg zu decken. Kalzium ist essentiell für die Knochengesundheit zur Vorbeugung von Osteoporose (Knochenbrüchigkeit). Es empfiehlt sich deshalb, täglich drei Portionen Milchprodukte zu sich zu nehmen. Dabei entspricht eine Portion 2 dl Milch oder 180 g Joghurt oder 30 g Hartkäse beziehungsweise 60 g Weichkäse oder 200 g Speisequark oder 200 g Hüttenkäse. Ausserdem enthalten Milchprodukte hochwertiges Nahrungseiweiss und gelten als vollwertige Eiweissbeilage bei fleischlosen Gerichten.
Für Menschen, die weder Milch noch Milchprodukte zu sich nehmen, gibt es alternative Kalziumquellen, so grünes Gemüse, Nüsse und kalziumreiches Mineralwasser. Wer auf Milchersatzgetränke wie Soja-, Hafer-, Mandel- oder Reisdrinks zurückgreift, muss darauf achten, dass sie mit Kalzium angereichert sind.

Fisch

Pro Woche können ein bis zwei Portionen Fisch (nicht frittiert und ohne Mayonnaise, ausser mit Rapsöl), entsprechend 100 bis 150 g Fisch, empfohlen werden. Insbesondere Fisch aus kalten Gewässern, wie Lachs, Hering, aber auch Forelle, enthalten wertvolle Omega-3-Fettsäuren. Aus ökologischer Sicht ist allerdings ein zu hoher Fischkonsum problematisch. Die Fischbestände sind bereits heute bedroht! Es lohnt sich, einheimische Seefische zu bevorzugen, Bio beim Zuchtfisch und beim Fisch aus Wildfang die vom MSC (*marine stewardship council*) empfohlenen Produkte zu wählen.

Fleisch

In der ursprünglichen mediterranen Küche wird wenig Fleisch gegessen. Wurstwaren sind praktisch tabu. Mindestens drei fleischlose Tage pro Woche machen Sinn – auch aus ökologischer Sicht. Helles Geflügelfleisch sollte bevorzugt werden, da rotes Fleisch und insbesondere gepökelte Fleischsorten, wie Wurst, Speck, Schinken, Salami, in grösseren Mengen ungünstige Auswirkungen auf die Gesundheit haben können. Bei einer fleischlosen Ernährung muss das Fleisch als Proteinquelle ersetzt werden. Dies ist mit den in diesem Kapitel beschriebenen Alternativen problemlos möglich.

Und Eier?

Eier waren jahrelang als «Cholesterinbombe» verpönt. Heute weiss man, dass das mit der Nahrung aufgenommene Cholesterin die Herz-Kreislauf-Gesundheit kaum beeinflusst. Das Ei ist eine hochwertige Eiweissquelle und enthält zudem eine Reihe an Vitaminen und Mineralstoffen und ist deshalb ein wertvoller Bestandteil unserer Ernährung.

Kochsalz

Kochsalz (Natriumchlorid) ist ein lebenswichtiger Bestandteil der Ernährung. In der Regel wird aber davon zu viel konsumiert. Mehr als 5 g täglich sind nicht nötig. Eine hohe Kochsalzzufuhr kann bei Personen mit Bluthochdruck zu einem weiteren Anstieg des Blutdrucks führen. Menschen mit einer Herz- oder Nierenschwäche oder einer Leberzirrhose sollten den Salzkonsum möglichst einschränken, weil sonst Wassereinlagerungen im Körper (Ödeme) gefördert werden. Industriell gefertigte Nahrungsmittel wie Pizza und andere Fertiggerichte enthalten meist viel Salz. Auf das Nachsalzen von Speisen am Tisch sollte ebenfalls verzichtet werden. Auch sogenannte Kräutersalze sind meist salzreich. Als Alternative: Speisen mit frischen und getrockneten Kräutern und Gewürzen abschmecken.

Flüssigkeit

Unser Körper besteht zu etwa 60 Prozent aus Flüssigkeit. Unter anderem ist das Wasser Transportmittel für die wasserlöslichen Nährstoffe zu den Zellen und für die Endprodukte zu den Ausscheidungsorganen. Täglich scheiden wir rund 2½ Liter Wasser über den Urin und den Stuhl sowie durch Schwitzen und Abatmen aus. Um diese Menge wieder zu ersetzen, benötigen wir Flüssigkeit aus Getränken und Nahrung. Ungezuckerte Getränke sollten bevorzugt werden.

<u>Empfehlung</u>

Trinken Sie täglich mindestens 1½ bis 2 Liter mehrheitlich zuckerfreie Flüssigkeit. Ideal sind Leitungs- oder Mineralwasser mit oder ohne Kohlensäure, Kräuter- und Früchtetees sowie verdünnte Fruchtsäfte. Süssgetränke, aber auch Light-Getränke sollten Sie mit Zurückhaltung konsumieren. Beide zeigten in Studien einen negativen Effekt auf die Gesundheit.

Alkoholfreies Bier oder alkoholfreier Most ist ein gutes Getränk, um Flüssigkeits- und Mineralstoffverluste, z. B. nach körperlicher Anstrengung, zu kompensieren.

Sollten Sie an Herzinsuffizienz (Herzschwäche), Leberzirrhose (Leberverhärtung oft infolge übermässigen Alkoholkonsums) oder schwerer Niereninsuffizienz leiden, sollten Sie die erlaubte Menge der täglichen Flüssigkeitszufuhr mit Ihrem Arzt besprechen.

Starten Sie mit 1 bis 2 Gläsern Wasser in den Tag. Das bringt den Kreislauf und die Verdauung in Schwung. Versuchen Sie, regelmässig über den Tag verteilt zu trinken. Bei anstrengender körperlicher Arbeit oder Sport sollten Sie mehr trinken, damit der Flüssigkeitsverlust kompensiert werden kann.

Beliebter Kaffee

Liebhaber von Kaffee können diesen täglich geniessen. Kaffeekonsum wurde während vieler Jahre als Risiko bewertet, was aus heutiger Sicht nicht richtig ist. Lediglich ein sehr hoher Konsum (über 7 bis 10 Tassen) könnte eventuell eine ungünstige Wirkung auf das Herz-Kreislauf-System haben, aber auch dies ist umstritten.

Gesunde Zubereitungsarten

Es reicht nicht, wenn die Qualität der Nahrungsmittel stimmt. Sie müssen auch richtig zubereitet werden. Deftige Gerichte haben für unsere heutige mehrheitlich sitzende Bevölkerung ihre Berechtigung verloren. Es gibt eine ganze Reihe von herzfreundlichen Zubereitungsarten. Materialien wie Teflon oder Titan ermöglichen eine schonende und bei Bedarf fettarme Zubereitung.

Dampfgaren
Für schonendes Garen braucht es einen Siebeinsatz oder -aufsatz (oder einen «Steamer»), den man in einen entsprechend grossen Topf legt oder auf den Topfrand setzt. Zu beachten: Das eingefüllte Wasser darf mit dem Gargut nicht in Kontakt kommen. Das Gemüse in den Siebeinsatz legen und den Deckel aufsetzen. Auf höchster Stufe erhitzen, danach bei niedriger Stufe garen. Erst am Schluss würzen.

Dünsten
Wenig Öl in die Pfanne geben, Gemüse bei mässiger Hitze unter ständigem Rühren andünsten. Bei Bedarf wenig Flüssigkeit dazugeben, Deckel aufsetzen, Pfanneninhalt bei niedriger Hitze garen.

Braten in der Bratpfanne
Nur so viel wie notwendig und möglichst High-Oleic-Öl in die Bratpfanne geben. Das Öl beispielsweise mit einem Pinsel verteilen.

Weitere Tipps für die tägliche Ernährung

Über den Tag verteilt

- Essen Sie zum Frühstück Brot oder ungezuckerte Getreideflocken als Müesli. Wenn Sie darauf verzichten, sollte die Zwischenverpflegung am Vormittag grosszügiger ausfallen.
- Wählen Sie möglichst naturbelassene Produkte und kochen Sie wenn möglich selbst. Fertigprodukte sind in der Regel arm an gesunden Inhaltsstoffen, dafür enthalten sie mehr billiges und ungesundes Fett und Zucker, zudem zu viel Salz.
- Wenn die Zeit zum Kochen knapp ist, kann ein grosser bunter Salat zusammen mit Brot und einer Proteinquelle wie Käse oder Bohnen ohne weiteres eine vollwertige Mahlzeit sein.
- Greifen Sie bei kleinem Hunger zu einer Frucht oder einer Handvoll Nüsse. Nüsse sind gesund, sättigend und helfen, das Gewicht zu halten.
- Falls Sie nicht auf Süssigkeiten verzichten wollen, versuchen Sie es mit dunkler Schokolade. Die im Kakao enthaltenen Antioxidantien haben nachweislich einen positiven Effekt auf das Herz-Kreislauf-System.

Früchte und Gemüse

- Kaufen Sie Obst und Gemüse möglichst saisongerecht ein. Bevorzugen Sie das regionale Angebot. Lange Transportwege führen zu Vitaminverlust und sind ökologisch nicht sinnvoll. Kaufen Sie zudem nicht zu grosse Vorräte ein.
- Schälen Sie Gemüse und Früchte sparsam. Obst und Gemüse respektive Salat nie im Wasser liegen lassen, weil dadurch die wasserlöslichen Vitamine und Mineralstoffe ausgeschwemmt werden.
- Essen Sie zu jeder Hauptmahlzeit mindestens eine Portion Früchte, Gemüse und/oder eine Portion Blatt- oder gemischten Salat. Die täglich empfohlene Menge sind fünf Portionen. Eine Portion entspricht einer Handgrösse Früchte oder einem Beilagesalat oder -gemüse.
- Eine gesunde Alternative zum Apéro-Gebäck sind Gemüsestäbchen mit einem Quark-Kräuterdip.

In Ruhe essen

Nur wer in Ruhe isst, wird das Essen geniessen können! Aber nicht nur das - wer sich Zeit zum Essen nimmt, isst automatisch kontrollierter (kein Überessen) und kann dadurch Übergewicht vorbeugen. Und was wichtig ist: Wer in Ruhe isst und die Speisen gut kaut, wird die Mahlzeit auch besser verdauen.

Aufbewahrung

Lebensmittel sollten wenn möglich dunkel und kühl aufbewahrt werden. Das gilt insbesondere für Früchte und Gemüse, Fette und Öle.

Vorspeise

Focaccia

für 4 Personen

- 350 g Pizza- oder helles Dinkelmehl
- 50 g feiner Hartweizengriess
- 30 g Hefe
- 1 Prise Zucker
- ½ TL Salz
- 1 EL Olivenöl
- 2 dl/200 ml lauwarmes Wasser

- Schwarzkümmelsamen
- gehackte Rosmarinnadeln
- schwarze Sesamsamen

1 Mehl und Hartweizengriess in einer Teigschüssel mischen, eine Vertiefung drücken. Hefe, Zucker und wenig lauwarmes Wasser in die Vertiefung geben. Hefe auflösen, wenig Mehl vom Rand unterrühren. Vorteig etwa 20 Minutengehen lassen. Salz, Olivenöl und Wasser zugeben und zu einem Teig kneten. Schüssel mit feuchten Tuch zudecken. Hefeteig auf das doppelte Volumen aufgehen lassen.

2 Teig in Portionen von etwa 70 g teilen, Kugeln formen und diese flach drücken, auf ein mit Backpapier belegtes Blech legen, mit Schwarzkümmel, Rosmarin oder Sesam bestreuen. Im vorgeheizten Ofen bei 200 °C bis 220 °C 10 bis 12 Minuten backen, je nach Dicke der Focacce.

Gesundheit

Schwarzkümmel enthält die wertvolle Gammalinolensäure. Sesam und Rosmarin sind reich an Kalzium.

Abbildung Pasten: links unten Auberginenkaviar, Rezept Seite 38; unten rechts Dörrtomatenpaste, Rezept Seite 39; oben rechts Hummus-Kichererbsenpüree, Rezept Seite 38

kcal	**397,0**
Fett in g	**3,9**
mehrfach ungesättigte Fettsäuren in g	**0,9**
einfach ungesättigte Fettsäuren in g	**2,0**
gesättigte Fettsäuren in g	**0,6**
Kohlenhydrate in g	**71,8**
Eiweiss in g	**14,8**
Ballaststoffe gesamt in g	**5,7**
Natrium in mg	**248,6**

Auberginenkaviar

Abbildung Seite 37

für 4 Personen

- 250 g Auberginen
- 1 EL Sesampaste
- 1 EL Olivenöl
- 1 Knoblauchzehe, zerkleinert
- ½ Bund glattblättrige Petersilie, Blättchen abgezupft
- ½ Zitrone, Saft
- Meersalz

1 Auberginen mit Messerspitze rundum einige Male einstechen. Auf ein mit Backpapier belegtes Blech legen. Im vorgeheizten Ofen bei 220 °C 35 bis 40 Minuten backen. Auberginen herausnehmen, abkühlen lassen, Haut abziehen.

2 Alle Zutaten fein pürieren, mit Salz abschmecken.

Gesundheit

Die Sesampaste ist reich an Kalzium. Das Mineral wird vom Zitronensaft bestens resorbiert. Die Sesamsamen haben von allen Lebensmitteln den höchsten Kalziumgehalt.

kcal	**61,3**
Fett in g	**4,5**
mehrfach ungesättigte Fettsäuren in g	**1,0**
einfach ungesättigte Fettsäuren in g	**2,6**
gesättigte Fettsäuren in g	**0,7**
Kohlenhydrate in g	**2,6**
Eiweiss in g	**1,7**
Ballaststoffe gesamt in g	**1,4**
Natrium in mg	**199,3**

Hummus – Kichererbsenpüree

Abbildung Seite 37

für 4 Personen

- 130 g gekochte Kichererbsen
- ½ Bund glattblättrige Petersilie oder Koriander
- 1 EL Sesampaste
- 1 Zitrone, Saft
- 5 EL Olivenöl oder halb Olivenöl/halb Haselnussöl
- 2 Knoblauchzehen, zerkleinert

Alle Zutaten zu einer homogenen Masse pürieren.

Gesundheit

Das Kicherbsenpüree enthält wertvolles Protein, ferner Eisen und Kalzium und das Antioxidans Selen. Wenn 1 EL Olivenöl durch 1 EL Leinöl ersetzt wird, ergibt das zusätzlich eine gute Versorgung mit Omega-3-Fettsäuren.

kcal	**185,8**
Fett in g	**15,0**
mehrfach ungesättigte Fettsäuren in g	**2,1**
einfach ungesättigte Fettsäuren in g	**9,8**
gesättigte Fettsäuren in g	**2,2**
Kohlenhydrate in g	**7,1**
Eiweiss in g	**4,0**
Ballaststoffe gesamt in g	**3,7**
Natrium in mg	**5,9**

Dörrtomatenpaste

Abbildung Seite 37

für 4 Personen

- 180 g Dörrtomaten
- 2 EL schwarze Olivenpaste
- ½ Bund Basilikum, Blättchen abgezupft
- 1 Knoblauchzehe, nach Belieben
- 5 EL Olivenöl
- frisch gemahlener Pfeffer

1 Dörrtomaten in reichlich warmem Wasser einlegen und 2 bis 3 Stunden oder über Nacht stehen lassen. Wasser abgiessen.

2 Zutaten zu einer Paste mixen. Je nach Konsistenz mehr Olivenöl unterrühren, mit Pfeffer abschmecken.

Dörrtomaten

Dörrtomaten (weiche Konsistenz) sind gesalzen. Deshalb nur mit Pfeffer würzen.

Tipp

Die Paste eignet sich auch zum Füllen von Zucchinistreifen oder halbierten kleinen Peperoni.

kcal	**158,9**
Fett in g	**13,7**
mehrfach ungesättigte Fettsäuren in g	**1,4**
einfach ungesättigte Fettsäuren in g	**9,5**
gesättigte Fettsäuren in g	**2,0**
Kohlenhydrate in g	**5,4**
Eiweiss in g	**2,0**
Ballaststoffe gesamt in g	**2,8**
Natrium in mg	**162,7**

Thymian-Tomaten

für 4 Personen

- 300 g sardische Tomaten oder Cherrytomaten
- 1 TL fein gehackter Zitronenthymian oder Thymian
- Fleur de Sel
- 2 TL Olivenöl
- 1 TL Agavendicksaft

1 Tomaten längs halbieren und auf ein mit Backpapier belegtes Blech legen, mit Thymian und Salz bestreuen und Olivenöl beträufeln.

2 Tomaten im vorgeheizten Ofen bei 220 °C etwa 10 Minuten backen. Sie sollen leicht weich, aber nicht zu weich sein. Nach halber Backzeit Agavendicksaft darüberträufeln und Tomaten damit glasieren.

Tipp

Tomaten auf getoastetem Brot geniessen.

kcal	**41,5**
Fett in g	**2,7**
mehrfach ungesättigte Fettsäuren in g	**0,3**
einfach ungesättigte Fettsäuren in g	**1,8**
gesättigte Fettsäuren in g	**0,4**
Kohlenhydrate in g	**3,0**
Eiweiss in g	**0,7**
Ballaststoffe gesamt in g	**1,0**
Natrium in mg	**196,8**

Gebratener Knoblauch «Nicola»

für 4 bis 6 Personen

- 2 Knoblauchknollen
- Olivenöl
- Meersalz

Knoblauchzehen vom Fruchtboden lösen (nicht schälen) und in einer Bratpfanne im Olivenöl bei schwacher Hitze 20 bis 30 Minuten braten. Salzen. Der Knoblauch darf nicht zu braun werden, weil er sonst bitter wird.

Essen

Knoblauchzehen aus der Schale lutschen. Oder Knoblauchmasse herausdrücken und auf gerösteten Brotscheiben geniessen. Der Knoblauch schmeckt lauwarm und kalt. Diesen Antipasto lieben nicht nur die Italiener. Mit Oliven und gerösteten Peperoni (Rezept nebenan) und etwas Vollkornbaguette, Salat oder einer Suppe bekommt man eine einfache, gesunde Mahlzeit. Nach Belieben mit einigen Nüssen ergänzen.

Gesundheit

Knoblauch hilft, das Cholesterin zu senken.

kcal	**75,7**
Fett in g	**2,1**
mehrfach ungesättigte Fettsäuren in g	**0,2**
einfach ungesättigte Fettsäuren in g	**1,4**
gesättigte Fettsäuren in g	**0,3**
Kohlenhydrate in g	**11,4**
Eiweiss in g	**2,4**
Ballaststoffe gesamt in g	**0,7**
Natrium in mg	**163,0**

Peperoni mit Pinienkernen

für 2 Personen

- 2–3 grosse gelbe und rote Peperoni / Gemüsepaprika, am besten vom Markt beim Italiener
- Fleur de Sel
- frisch gemahlener Pfeffer
- Olivenöl
- 1 EL Pinienkerne
- Basilikum oder Minze

1 Ganze Peperoni auf ein mit Backpapier belegtes Blech legen und im Ofen bei 200 bis 220 °C 25 bis 30 Minuten rösten, bis die Haut schwarz ist. Herausnehmen, mit feuchtem Tuch zudecken und abkühlen lassen. Haut entfernen, Peoperoni halbieren und entkernen.

2 Peperoni auf einer Platte anrichten, mit Fleur de Sel, Pfeffer und Olivenöl würzen. Mit Pinienkernen und Kräutern garnieren.

Tipps

Peperoni für den Vorrat zubereiten. Als Pizzabelag verwenden oder Peperoni mit Pasta mischen oder zu Ofenkartoffeln servieren.

kcal	**175,9**
Fett in g	**9,5**
mehrfach ungesättigte Fettsäuren in g	**2,6**
einfach ungesättigte Fettsäuren in g	**5,1**
gesättigte Fettsäuren in g	**1,3**
Kohlenhydrate in g	**13,1**
Eiweiss in g	**4,7**
Ballaststoffe gesamt in g	**8,8**
Natrium in mg	**398,5**

Pikante Catalogna cimata

für 2 Personen

- Olivenöl
- 1 Catalogna cimata oder Catalogna / Blattzichorie oder 300 g Krautstiele / Stielmangold, vorzugsweise mit roten oder gelben Stielen
- 1 Peperoncino, in feinen Ringen oder Streifchen
- 2 Knoblauchzehen, in feinen Scheiben
- Fleur de Sel
- 1 kleine Handvoll Pinienkerne

1 Grüne Teile der Catalogna cimata oder der Catalogna in feine Streifen schneiden. Stiele und Blattgrün der Krautstiele in Streifen schneiden.

2 Catalogna, Peperoncino und Knoblauch im Olivenöl knackig dünsten, mit Salz und zusätzlichem Olivenöl abschmecken. Pinienkerne unterrühren.

Tipps

Gemüse lauwarm als Antipasto mit getoastetem Brot servieren. Oder mit Vollkornpasta mischen.

Variante

Lauch und Cima di Rapa gleich wie farbige Krautstiele zubereiten.

Gesundheit

Wie alle Zichoriengewächse enthält auch die Catalogna cimata gesunde Bitterstoffe. Pinienkerne sind gesunde Nüsse und machen satt.

Produkteinfo

Catalogna ist ein Wintergemüse aus Italien. Man erhält es auf dem Markt.

kcal	**129,8**
Fett in g	**9,3**
mehrfach ungesättigte Fettsäuren in g	**2,4**
einfach ungesättigte Fettsäuren in g	**5,1**
gesättigte Fettsäuren in g	**1,3**
Kohlenhydrate in g	**3,3**
Eiweiss in g	**5,4**
Ballaststoffe gesamt in g	**4,8**
Natrium in mg	**525,7**

Salate

Bunter Blattsalat

Abbildung nebenan

Mahlzeit für 2 Personen

- 1 Bund Sauer- oder Blutampfer oder
  1 Handvoll frisch gepflückte Sauerampferblätter
- 2 Handvoll Rucola oder Löwenzahn
- 1 Schale Kresse oder 1 Handvoll Pflücksalat
- 100 g gekochte weisse Bohnen oder Kichererbsen oder 1 Avocado, nach Belieben

Vinaigrette

- 1 Zitrone, Saft
- wenig Balsamico, nach Belieben
- Kräutersalz
- frisch gemahlener Pfeffer
- 3 EL Olivenöl

1 Avocado schälen und halbieren, Stein entfernen, Fruchtfleisch in Würfelchen schneiden.
2 Alle Zutaten mit der Vinaigrette mischen.

Produkteinfo

Gekochte Bohnen und Kichererbsen gibt es auch in der Dose. Oder man weicht über Nacht getrocknete Hülsenfrüchte in viel kaltem Wasser ein und kocht sie am darauffolgenden Tag in viel frischem Wasser weich.

kcal	250,6
Fett in g	16,5
mehrfach ungesättigte Fettsäuren in g	2,1
einfach ungesättigte Fettsäuren in g	10,8
gesättigte Fettsäuren in g	2,5
Kohlenhydrate in g	10,5
Eiweiss in g	10,1
Ballaststoffe gesamt in g	7,5
Natrium in mg	383,9

Spargel-Erdbeeren-Carpaccio

Abbildung Seite 49

für 2 Personen

- 6 dicke Grünspargel
- 4 grosse Erdbeeren
- Pfeffer- oder Zitronenbasilikum
- frisch gemahlener Pfeffer
- Zitronensaft
- Haselnussöl oder Olivenöl
- schwach geröstete Pinienkerne

1 Unteres Drittel beim Grünspargel schälen, Ende kappen. Spargelspitzen abschneiden und längs halbieren. Stangen schräg in feine Scheiben schneiden.
2 Erdbeeren in Scheiben schneiden.
3 Spargel und Erdbeeren auf Teller legen, mit Spargelspitzen abschliessen, Kräuter dazwischenlegen, mit Pfeffer, Zitronensaft und Öl würzen, mit Pinienkernen bestreuen.

kcal	124,0
Fett in g	8,0
mehrfach ungesättigte Fettsäuren in g	1,8
einfach ungesättigte Fettsäuren in g	4,6
gesättigte Fettsäuren in g	1,1
Kohlenhydrate in g	6,1
Eiweiss in g	4,6
Ballaststoffe gesamt in g	3,3
Natrium in mg	7,4

Fenchel-Kumquat-Carpaccio

Abbildung nebenan

für 2 Personen

- 1 grossbauchiger Fenchel
- 2 Bio-Kumquats oder Bio-Orangen
- Zitronenmelisse oder glattblättrige Petersilie
- Zitronensaft
- Pistazienöl oder Haselnussöl oder Olivenöl
- einige geröstete Pinienkerne

1 Beim Fenchel grobfasrige Stellen mit Sparschäler entfernen. Strunk frisch anschneiden, oberen Teil mit Blattansatz abschneiden, Fenchel längs in hauchdünne Scheiben schneiden.
2 Kumquats in Schnitze schneiden.
3 Zitronenmelisse von den Stielen zupfen und in Streifen schneiden.
4 Fenchel auf Teller verteilen, Kumquats dazulegen, mit Zitronensaft und Öl beträufeln, mit Pinienkernen bestreuen.

kcal	**201,7**
Fett in g	**8,2**
mehrfach ungesättigte Fettsäuren in g	**1,9**
einfach ungesättigte Fettsäuren in g	**4,7**
gesättigte Fettsäuren in g	**1,2**
Kohlenhydrate in g	**21,2**
Eiweiss in g	**5,1**
Ballaststoffe gesamt in g	**7,4**
Natrium in mg	**37,1**

Zucchini-Nektarinen-Carpaccio

Abbildung nebenan

für 2 Personen

- 1–2 junge Zucchini
- 1 Nektarine oder 1 Apfel
- Zitronenbasilikum, in Streifchen
- wenig Zitronensaft
- Zitronenöl und Olivenöl
- einige geröstete Pinienkerne

1 Zucchini beidseitig kappen, diagonal in hauchdünne, grosse Scheiben schneiden.
2 Nektarine halbieren, Stein entfernen, Hälften in hauchdünne Scheiben schneiden.
3 Zucchini- und Nektarinenscheiben abwechselnd auf einen Teller legen, mit Basilikum bestreuen. Mit Zitronensaft und beiden Ölen beträufeln, mit Pinienkernen bestreuen.

Rohes Gemüse

Ich bin ein grosser Fan von Gemüsecarpacci. An Kochkursen erlebe ich oft, dass die Teilnehmer noch nie rohe Zucchini gegessen haben. Und andere schälen sie, was absolut überflüssig ist. Wichtig ist, dass die Zucchini jung sind. Je kleiner, desto feiner.

kcal	**164,3**
Fett in g	**8,2**
mehrfach ungesättigte Fettsäuren in g	**2,1**
einfach ungesättigte Fettsäuren in g	**4,6**
gesättigte Fettsäuren in g	**1,3**
Kohlenhydrate in g	**14,3**
Eiweiss in g	**5,6**
Ballaststoffe gesamt in g	**3,9**
Natrium in mg	**7,3**

Randen-Rotkabis-Salat

Abbildung

für 2 Personen

- ca. 200 g rohe Randen / Rote Beten
- 100 g Rotkabis / -kohl
- 1 Bio-Orange
- wenig geriebener Ingwer oder Meerrettich
- Majoran oder glattblättrige Petersilie, gehackt

Vinaigrette

- 2 EL Balsamico
- 2–3 EL Haselnussöl oder Olivenöl
- frisch gemahlener Pfeffer
- Meersalz oder Sojasauce

- Kürbiskerne oder Baum- / Walnüsse
- schwarze Sesamsamen oder Pinienkerne

1 Vinaigrette zubereiten.

2 Randen schälen, auf einer mittelfeinen Reibe direkt zur Vinaigrette hobeln. Rotkabis auf einem feinen Hobel dazuhobeln. Orangenschale dazureiben. Orange schälen, in Schnitze teilen, halbieren, dazugeben. Ingwer und Kräuter untermischen. Mit gehackten Kürbiskernen und Sesamsamen garnieren.

kcal	**254,0**
Fett in g	**13,0**
mehrfach ungesättigte Fettsäuren in g	**2,1**
einfach ungesättigte Fettsäuren in g	**8,1**
gesättigte Fettsäuren in g	**1,9**
Kohlenhydrate in g	**24,2**
Eiweiss in g	**5,3**
Ballaststoffe gesamt in g	**6,9**
Natrium in mg	**457,0**

Eisberg-Kabis-Salat mit Kürbiskernen

für 2 Personen

- ¼ Weisskabis
- ½ Eisbergsalat

Sauce

- ½–1 Zitrone, Saft, oder 2–3 EL Rotweinessig
- ½ TL Senf
- 2½ EL Olivenöl
- Salz
- frisch gemahlener Pfeffer
- wenig Majoran oder glattblättrige Petersilie, gehackt, nach Belieben

- 1 EL Kürbis- oder Pinienkerne, leicht geröstet

1 Sauce zubereiten.

2 Weisskabis fein hobeln, Eisbergsalat in breite Streifen schneiden, mit der Sauce mischen. Anrichten und mit gerösteten Kernen garnieren.

kcal	**217,3**
Fett in g	**16,8**
mehrfach ungesättigte Fettsäuren in g	**3,1**
einfach ungesättigte Fettsäuren in g	**10,4**
gesättigte Fettsäuren in g	**2,4**
Kohlenhydrate in g	**8,3**
Eiweiss in g	**4,5**
Ballaststoffe gesamt in g	**5,1**
Natrium in mg	**431,8**

Bunter Herbstsalat mit Marroni

Mahlzeit für 2 Personen

- 150 g gemischter Blattsalat: rote und weisse Brüsseler Endivie/ Chicorée, Catalogna, Löwenzahn, junger Spinat, Rucola, Endivie
- 1 Orange
- 1 kleiner Fenchel

- 1 TL Olivenöl oder Haselnussöl, zum Braten
- 160 g Marroni, aus dem Glas
- ½ TL fein gehackter Thymian oder Rosmarin

Sauce

- 2 EL Rotweinessig oder halb Rotweinessig/halb Balsamico
- 4 EL Olivenöl oder halb Olivenöl/ halb Haselnussöl
- 1 Msp Senf
- Knoblauch, nach Belieben
- Meersalz
- frisch gemahlener Pfeffer

1 Salat in einzelne Blätter zerlegen und in mundgerechte Stücke schneiden/zupfen. Orange schälen, auch weisse Haut entfernen. Frucht in Scheiben schneiden, Kerne entfernen. Scheiben in mundgerechte Stücke schneiden. Fenchel am Wurzel- und Blattansatz frisch anschneiden und Knolle längs in sehr feine Scheiben schneiden oder hobeln.

2 Marroni mit Thymian im Olivenöl braten.

3 Blattalat anrichten. Orangen, Fenchel sowie lauwarme Marroni darauf verteilen. Mit Salatsauce beträufeln.

Tipp

Als leichte Mahlzeit geniessen. Die Marroni ersetzen das Brot.

Variante

Auch Apfel- oder Birnenstückchen und Traubenbeeren passen gut zum Salat.

Produkteinfo

Marroni im Glas sind im Reformhaus und im Bioladen erhältlich. Vakuumierte Marroni eignen sich ebenfalls. Gefrorene Marroni sind weniger empfehlenswert, weil sie wenig Geschmack haben.

kcal	**466,4**
Fett in g	**25,00**
mehrfach ungesättigte Fettsäuren in g	**2,9**
einfach ungesättigte Fettsäuren in g	**17,0**
gesättigte Fettsäuren in g	**3,7**
Kohlenhydrate in g	**46,6**
Eiweiss in g	**6,7**
Ballaststoffe gesamt in g	**11,8**
Natrium in mg	**448,4**

Sommersalat mit Quinoa und Mozzarella

Mahlzeit für 2 Personen

- 50 g schwarze Quinoa
- 1 Handvoll junger Blattsalat
- 6 Cherrytomaten, halbiert
- 1 kleiner gelber Zucchino
- wenig rote und gelbe Peperoni/ Gemüsepaprika, in feinen Streifen
- 1 kleine rote Zwiebel
- ½ Sonnenblume, abgezupfte Blütenblätter

- 80 g Büffelmozzarella-Kügelchen oder Fetawürfelchen oder gebratene Tofuwürfelchen, nach Belieben

Sauce

- ½ Zitrone, Saft
- 3 EL Olivenöl
- Meersalz
- frisch gemahlener Pfeffer

1 Quinoa gemäss Packungsbeschrieb kochen.

2 Zucchino beidseitig kappen und in feine Scheiben hobeln. Zwiebel ebenfalls in feine Scheiben hobeln.

3 Blattsalat und Gemüse mit der Sauce mischen, anrichten. Quinoa und Mozzarella darüber verteilen.

Tipps

Salat mit leicht gerösteten Cashewkernen anreichern. Cashewkerne enthalten viel Kalzium und können bei einer Milchallergie eine wertvolle Kalziumquelle sein. Für eine Mahlzeit auf Vorrat die doppelte Menge Quinoa kochen.

kcal	**392,2**
Fett in g	**25,8**
mehrfach ungesättigte Fettsäuren in g	**2,7**
einfach ungesättigte Fettsäuren in g	**13,0**
gesättigte Fettsäuren in g	**8,3**
Kohlenhydrate in g	**22,9**
Eiweiss in g	**13,9**
Ballaststoffe gesamt in g	**5,2**
Natrium in mg	**489,2**

Kürbissalat mit Meerrettich und Nüssen

für 2 Personen

- 200 g geschälter Kürbis, Muscade de Provence oder Butternut
- wenig Meerrettich oder Ingwer
- wenig glattblättrige Petersilie, fein gehackt

Sauce

- 1 Zitrone, Saft
- wenig Apfelsaft, nach Belieben
- 1 Msp Honig
- Salz
- frisch gemahlener Pfeffer
- 2 EL Olivenöl oder Rapsöl oder Haselnussöl

Sauce zubereiten. Kürbis und Ingwer auf Bircherraffel dazureiben, Petersilie untermischen. Salat 10 bis 15 Minuten ziehen lassen.

Varianten

Zusätztlich einen kleinen Apfel mit Schale dazureiben, Salat mit gehackten Haselnüssen bestreuen.

kcal	140,5
Kohlenhydrate in g	8,3
Ballaststoffe gesamt in g	2,6
Eiweiss in g	1,6
Fett in g	10,4
einfach ungesättigte Fettsäuren in g	7,2
gesättigte Fettsäuren in g	1,5
mehrfach ungesättigte Fettsäuren in g	1,1
Natrium in mg	394,2

Mairüben-Karotten-Salat

Abbildung

für 2 Personen

- 1 Mairübe, 100 g
- 100 g Weisskabis/-kohl
- 100 g Karotten
- 1–2 Radicchio trevisano
- Granatapfelkerne
- 2 EL geröstete, grob gehackte Haselnüsse
- Kerbel oder glattblättrige Petersilie

Vinaigrette

- 2 EL Himbeeressig oder Zitronensaft
- Salz
- frisch gemahlener Pfeffer
- 4 EL Olivenöl oder Haselnussöl

1. Mairübe und Weisskabis mit Strunk fein hobeln. Karotten in feine Scheiben schneiden. Radicchio trevisano in die einzelnen Blätter zerlegen.
2. Mairüben, Weisskabis und Karotten mit Vinaigrette mischen. 30 Minuten stehen lassen.
3. Radicchio trevisano auf Teller legen. Salat darauf anrichten. Mit Granatapfelkernen, Haselnüssen und Kräutern garnieren.

kcal	347,2
Fett in g	30,0
mehrfach ungesättigte Fettsäuren in g	3,1
einfach ungesättigte Fettsäuren in g	21,9
gesättigte Fettsäuren in g	3,8
Kohlenhydrate in g	11,00
Eiweiss in g	5,1
Ballaststoffe gesamt in g	7,2
Natrium in mg	443,1

Randen-Rucola-Salat mit Ei

für 2 Personen

- 1 Bund Rucola
- 2 kleine gekochte Randen / Rote Beten
- 2 hartgekochte Eier

Sauce

- 1½ EL Rotweinessig
- 1 TL Senf
- Kräutersalz
- frisch gemahlener Pfeffer
- wenig fein geriebener Meerrettich, nach Belieben
- 2½ EL Olivenöl oder Rapsöl oder Haselnussöl

1 Sauce zubereiten.

2 Randen schälen und in Würfelchen schneiden. Rucola in feine Streifen schneiden. Mit der Sauce mischen. Salat mit halbierten Eiern garnieren.

Variante

Wenig abgeriebene Schale einer Bio-Orange gibt dem Salat ein frisches Aroma.

kcal	331,9
Fett in g	19,3
mehrfach ungesättigte Fettsäuren in g	2,6
einfach ungesättigte Fettsäuren in g	11,4
gesättigte Fettsäuren in g	3,8
Kohlenhydrate in g	21,1
Eiweiss in g	13,7
Ballaststoffe gesamt in g	7,2
Natrium in mg	617,0

Tomaten-Brot-Salat – Panzanella

Abbildung

Mahlzeit für 2 Personen

- 4 reife Fleischtomaten
- 1 grosse rote Zwiebel, in Ringen
- ½ Freilandgurke, geschält, in Scheiben
- 2 Scheiben altbackenes Weissbrot
- warme Gemüsebrühe
- Basilikum oder glattblättrige Petersilie

Sauce

- 2 EL Rotweinessig
- Salz
- frisch gemahlener Pfeffer
- Senf
- 3 EL Olivenöl

1 Brotscheiben in Stücke schneiden, mit warmer Gemüsebrühe übergiessen. Rund 10 Minuten stehen lassen. Brot ausdrücken.

2 Bei den Tomaten den Stielansatz ausstechen. Tomaten vierteln und Viertel halbieren.

3 Tomaten, Zwiebeln, Gurken und Brot mit der Sauce mischen, mit fein geschnittenen Kräutern abrunden.

kcal	233,0
Fett in g	15,8
mehrfach ungesättigte Fettsäuren in g	1,7
einfach ungesättigte Fettsäuren in g	10,8
gesättigte Fettsäuren in g	2,4
Kohlenhydrate in g	16,4
Eiweiss in g	3,9
Ballaststoffe gesamt in g	3,5
Natrium in mg	520,3

Linsen-Kichererbsen-Salat mit Gemüse

Mahlzeit für 2 Personen

- 100 g gekochte schwarze Linsen
- 100 g gekochte Kichererbsen
- 1 kleine Freilandgurke
- 1 grüne Peperone/Gemüsepaprika
- 100 g kleine Tomaten
- einige Basilikumblättchen, in Streifen

- 100 g Feta, zerbröckelt

Sauce

- 2–3 EL Mango- oder Himbeeressig
- 3–4 EL Olivenöl oder Haselnussöl
- Salz
- frisch gemahlener Pfeffer

1 Gurke schälen und schräg in Scheiben schneiden. Bei der Peperone den Stielansatz und die Kerne entfernen, Schote in Ringe schneiden. Stielansatz bei den Tomaten ausstechen, halbieren oder vierteln.

2 Alle Zutaten mit der Sauce mischen, Feta darüber verteilen.

kcal	**442,2**
Fett in g	**28,7**
mehrfach ungesättigte Fettsäuren in g	**2,6**
einfach ungesättigte Fettsäuren in g	**13,5**
gesättigte Fettsäuren in g	**10,5**
Kohlenhydrate in g	**21,1**
Eiweiss in g	**18,4**
Ballaststoffe gesamt in g	**10,8**
Natrium in mg	**884,6**

Kabissalat

Abbildung

für 2 Personen

- je 100 g Rot- und Weisskabis/-kohl
- 1 kleiner Fenchel
- 1 kleine rote Zwiebel
- 1 Handvoll Spinat

- Meerrettich, zum Reiben
- geröstete Kürbiskerne

Sauce

- 3 EL Rotweinessig
- wenig Zitronensaft
- 3 EL Olivenöl oder Sesamöl oder Haselnussöl
- 1 TL Senf
- frisch gemahlener Pfeffer
- Salz

1 Kabis mit Strunk fein hobeln. Man kann ihn auch entfernen, aber gehobelt ist er geschmacklich sogar besser als die Blätter. Fenchel und Zwiebel ebenfalls hobeln.

2 Alle Zutaten mit Sauce mischen. Anrichten. Salat am Tisch nach eigenem Gusto mit fein geriebenem Meerrettich und Kürbiskernen abschmecken.

kcal	187,7
Fett in g	15,5
mehrfach ungesättigte Fettsäuren in g	1,6
einfach ungesättigte Fettsäuren in g	10,8
gesättigte Fettsäuren in g	2,3
Kohlenhydrate in g	6,4
Eiweiss in g	3,0
Ballaststoffe gesamt in g	3,9
Natrium in mg	469,0

Schwarzwurzelsalat mit Feigen

für 2 Personen

- 250 g Schwarzwurzeln
- 1 kleiner Fenchel
- 1 Handvoll junge, zarte Rucola
- 2 frische Feigen

Sauce

- 1 TL Senf
- 1 Zitrone, Saft, oder 2 EL Himbeeressig
- 1 TL Ahornsirup
- 3–4 EL Rapsöl oder Olivenöl

1 Schwarzwurzeln am besten mit Handschuhen schälen (der austretende Saft kann auf der Haut zu Flecken führen) und in Zitronenwasser (Wasser mit Zitronensaft) legen, damit sich die Stangen nicht verfärben. Stsngen in 3 bis 4 cm lange Stücke schneiden und im Dampf knackig garen. Auskühlen lassen.

2 Grobfasrige Stellen beim Fenchel mit Sparschäler entfernen, Fenchel fein hobeln.

3 Schwarzwurzeln, Fenchel und Rucola mit Sauce mischen. Anrichten. Mit Feigenvierteln garnieren.

kcal	281,7
Fett in g	16,4
mehrfach ungesättigte Fettsäuren in g	2,0
einfach ungesättigte Fettsäuren in g	10,9
gesättigte Fettsäuren in g	2,4
Kohlenhydrate in g	15,8
Eiweiss in g	4,5
Ballaststoffe gesamt in g	26,0
Natrium in mg	65,9

Suppen

Erbsensuppe mit Minze

Abbildung

für 2 Personen

- 400 g Erbsenhülsen oder 200 g tiefgekühlte Erbsen
- 5 Minzeblättchen
- ½ l Gemüsebrühe
- 2 EL Olivenöl oder Avocadöl oder Haselnussöl, zum Abrunden
- frisch gemahlener Pfeffer

- Blütenblätter einer Ringelblume, für die Garnitur

1 Erbsen aus der Hülse streifen.

2 Erbsen, Minze und Gemüsebrühe aufkochen, 5 bis 8 Minuten köcheln, Öl dazugeben, pürieren, eventuell durch ein Haar- oder Spitzsieb streichen. Mit Pfeffer abschmecken. Je nach Konsistenz mit heisser Gemüsebrühe verdünnen. Anrichten. Mit Olivenöl beträufeln und Ringelblumenblütenblättern bestreuen.

Variante

Minze durch Basilikum ersetzen; nicht mitkochen, sondern vor dem Pürieren zur Suppe geben.

kcal	238,8
Fett in g	15,2
mehrfach ungesättigte Fettsäuren in g	3,8
einfach ungesättigte Fettsäuren in g	8,4
gesättigte Fettsäuren in g	2,1
Kohlenhydrate in g	14,5
Eiweiss in g	7,8
Ballaststoffe gesamt in g	6,6
Natrium in mg	332,9

Tomatensuppe mit Basilikum

für 2 Personen

- 1 EL Olivenöl
- 1 kleine Zwiebel oder 1 Knoblauchzehe, klein gewürfelt
- 4 Fleischtomaten
- 1 EL Tomatenpüree
- 1–1½ dl / 100–150 ml Wasser
- Salz
- frisch gemahlener Pfeffer

- Basilikumblättchen, in Streifen

1 Bei den Tomaten den Stielansatz ausstechen, Tomaten vierteln.

2 Zwiebeln und Tomaten im Olivenöl andünsten, Tomatenpüree unterrühren, je nach Flüssigkeitsmenge Wasser zugeben. Etwa 20 Minuten köcheln lassen. Pürieren. Eventuell durch ein Sieb streichen, um Tomatenhäute aufzufangen.

3 Suppe aufkochen, mit Salz und Pfeffer würzen. Anrichten. Mit Basilikum bestreuen.

kcal	82,2
Fett in g	5,4
mehrfach ungesättigte Fettsäuren in g	0,6
einfach ungesättigte Fettsäuren in g	3,6
gesättigte Fettsäuren in g	0,8
Kohlenhydrate in g	5,4
Eiweiss in g	1,8
Ballaststoffe gesamt in g	2,2
Natrium in mg	412,4

Süsskartoffel-Linsen-Suppe

Mahlzeit für 2 Personen

- 1 EL Olivenöl
- 1 kleine Zwiebel, klein gewürfelt
- 50 g rote Linsen
- 150 g Süsskartoffeln, geschält, gewürfelt
- 1 Msp Kurkuma
- fein geriebener Ingwer
- 1 Prise Kreuzkümmelpulver
- 4 dl / 400 ml Gemüsebrühe
- frisch gemahlener Pfeffer

- 1 EL Olivenöl
- 100 g Tofuwürfelchen

- Zitronenöl oder Olivenöl
- Portulak oder abgezupfte glattblättrige Petersilie, für die Garnitur

1 Zwiebeln im Olivenöl andünsten, Linsen kurz mitdünsten, Süsskartoffeln und Kurkuma zugeben, mit Ingwer und Kreuzkümmel würzen, Gemüsebrühe zugeben, köcheln, bis Linsen und Süsskartoffeln weich sind. Suppe pürieren.

2 Tofu in der Bratpfanne im Olivenöl braten.

3 Suppe aufkochen, mit Pfeffer abschmecken und anrichten. Tofuwürfelchen unterrühren. Mit Zitronenöl beträufeln und mit Portulak garnieren.

Variante

Der Ingwer kann nach Belieben dosiert werden. Anstelle von Ingwer kann auch Meerrettich verwendet werden.

Gesundheit

Linsen enthalten wertvolles Eisen, Kalzium, Phosphor und Faserstoffe.

kcal	**377,3**
Fett in g	**17,7**
mehrfach ungesättigte Fettsäuren in g	**5,1**
einfach ungesättigte Fettsäuren in g	**8,9**
gesättigte Fettsäuren in g	**2,6**
Kohlenhydrate in g	**34,9**
Eiweiss in g	**15,8**
Ballaststoffe gesamt in g	**6,9**
Natrium in mg	**278,9**

Kürbissuppe mit Orangenminze

Abbildung oben

für 2 Personen

- 1 EL Olivenöl
- 1 kleine Zwiebel, klein gewürfelt
- 300–400 g Kürbis, mehlige Sorte wie Potimarron
- 1 Msp Kreuzkümmelpulver
- ½ l Gemüsebrühe
- 2–3 EL Rahm/Sahne
- Meersalz
- frisch gemahlener Pfeffer
- je 1 TL gehackte Petersilie und Orangenminze

- Orangenminze, für die Garnitur

1 Kürbis entkernen und mit Schale in Würfelchen schneiden. Petersilienblättchen von Stielen zupfen und mit abgestreiften Thymianblättchen hacken.
2 Zwiebeln im Öl andünsten, Kürbis und Kreuzkümmel mitdünsten, mit Gemüsebrühe ablöschen, aufkochen, Suppe bei schwacher Hitze rund 20 Minuten köcheln, bis die Kürbisschale weich ist. Pürieren.
3 Kürbissuppe mit Rahm erhitzen, würzen, Kräuter zugeben. Suppe anrichten. Mit Orangenminze garnieren.

kcal	232,9
Fett in g	17,3
mehrfach ungesättigte Fettsäuren in g	3,4
einfach ungesättigte Fettsäuren in g	7,2
gesättigte Fettsäuren in g	5,6
Kohlenhydrate in g	12,6
Eiweiss in g	3,8
Ballaststoffe gesamt in g	5,8
Natrium in mg	731,4

Randensuppe mit Majoran

Abbildung unten

für 2 Personen

- 1 TL Haselnussöl oder Olivenöl
- 1 kleine Zwiebel, klein gewürfelt
- 300 g rohe Randen/Rote Beten, geschält, klein gewürfelt
- ½ l Gemüsebrühe
- 1 Msp Kreuzkümmelpulver
- einige Majoranzweiglein, Blättchen abgezupft
- Meersalz
- Haselnussöl, für die Garnitur

1 Zwiebeln und Randen im Öl andünsten, mit Gemüsebrühe ablöschen, aufkochen, Kreuzkümmel und Majoran zugeben, köcheln, bis das Gemüse weich ist. Das dauert etwa 30 Minuten, je nach Grösse der Randenwürfelchen. Suppe pürieren.
2 Randensuppe aufkochen, mit Salz abrunden. Auf Supenteller verteilen. Mit Haselnussöl beträufeln.

Variante

Gekochte Randen verwenden. Das spart ein wenig Zeit und die Suppe schmeckt ebenfalls gut. Oder rohe Randen schälen und mit Zwiebeln fein cuttern, was die Kochzeit ebenfalls verkürzt.

kcal	171,9
Fett in g	10,0
mehrfach ungesättigte Fettsäuren in g	3,2
einfach ungesättigte Fettsäuren in g	5,1
gesättigte Fettsäuren in g	1,1
Kohlenhydrate in g	14,5
Eiweiss in g	3,1
Ballaststoffe gesamt in g	4,9
Natrium in mg	807,4

Tee, Saucen, Salate, Suppen
Herkunft: Schweiz

Quinoasuppe mit Kokosmilch

Abbildung

für 2 Personen

- 1 EL Olivenöl
- 1 kleine Schalotte, klein gewürfelt
- 1 Karotte, klein gewürfelt
- 1 Zitronengrasstängel oder 1 grosses Stück Bio-Limettenschale
- ½ TL mittelscharfer Curry
- 50 g weisse Quinoa
- ca. ½ l heisse Gemüsebrühe
- 1–2 dl / 100–200 ml Kokosmilch
- 2 cm Ingwer

- Haselnussöl oder Olivenöl, zum Beträufeln
- Quinoasprossen oder Sprossen nach Wahl

1 Schalotten im Öl andünsten, Karotten und Zitronengras mitdünsten, mit Curry bestäuben, Quinoa zugeben und kurz weiterdünsten, mit Gemüsebrühe ablöschen, 20 Minuten köcheln. Zitronengras entfernen. Kokosmilch unterrühren, Ingwer dazu-reiben. Suppe pürieren.

2 Suppe anrichten, mit Öl beträufeln. Mit Sprossen garnieren.

kcal	234,5
Fett in g	14,1
mehrfach ungesättigte Fettsäuren in g	4,0
einfach ungesättigte Fettsäuren in g	7,1
gesättigte Fettsäuren in g	1,9
Kohlenhydrate in g	20,7
Eiweiss in g	4,2
Ballaststoffe gesamt in g	3,7
Natrium in mg	398,2

Avocado-Kaltschale

für 2 Personen

- 1 TL Butter
- 1 kleine Schalotte, klein gewürfelt
- 1 reife Avocado
- 2 ½ dl/250 ml kalte Gemüsebrühe
- Kräutermeersalz
- 1 TL fein gehackte Petersilie
- 1 TL fein gehackter Dill

- wenig Schlagrahm/-sahne, nach Belieben
- 1 EL Mandelblättchen
- fein geschnittener Schnittlauch

1 Schalotten in der Butter andünsten.

2 Avocado halbieren, Stein entfernen, Fruchtfleisch aus der Schale lösen.

3 Avocadofleisch, Gemüsebrühe und Schalotten fein mixen. Würzen. Kräuter unterrühren.

4 Avocado-Kaltschale anrichten. Mit Schlagrahm, Mandelblättchen und Schnittlauch garnieren.

kcal	282,4
Fett in g	25,6
mehrfach ungesättigte Fettsäuren in g	4,2
einfach ungesättigte Fettsäuren in g	13,8
gesättigte Fettsäuren in g	6,2
Kohlenhydrate in g	6,2
Eiweiss in g	4,3
Ballaststoffe gesamt in g	6,9
Natrium in mg	557,7

Gersten-Basilikum-Suppe

für 2 Personen

- 40 g Rollgerste
- 4 dl / 400 ml Wasser
- ½ dl / 50 ml Halbrahm / Sahne
- ½ Bund Basilikum, Blättchen abgezupft
- frisch gemahlener Pfeffer
- Meersalz

- Mandarinen- oder Zitronenöl oder Olivenöl, zum Beträufeln

1 Rollgerste am Vorabend im Wasser 10 Minuten kochen. Über Nacht ausquellen lassen.

2 Rollgerste mit Rahm erwärmen, Basilikum zufügen, pürieren, aufkochen und würzen. Sofort anrichten, mit Mandarinenöl beträufeln.

Zum Rezept

Die Suppe ist ein echter Sommerhit.

Variante

Rollgerste durch Haferflocken ersetzen (müssen nicht eingeweicht werden).

kcal	**129,0**
Fett in g	**5,4**
mehrfach ungesättigte Fettsäuren in g	**0,4**
einfach ungesättigte Fettsäuren in g	**1,5**
gesättigte Fettsäuren in g	**3,1**
Kohlenhydrate in g	**16,1**
Eiweiss in g	**3,2**
Ballaststoffe gesamt in g	**1,4**
Natrium in mg	**404,8**

Mais-Kürbis-Suppe

für 2 Personen

- 1 EL Olivenöl oder Butter oder Haselnussöl
- 1 kleine Zwiebel, klein gewürfelt
- wenig Lauch, nur weissen Teil, in Streifen
- 200 g Kürbisfleisch, mehlige Sorte, z. B. Potimarron, gewürfelt
- 25 g feiner Maisgriess für Polenta
- ca. ½ l Gemüsebrühe
- 2 EL Rahm/Sahne
- Meersalz
- frisch gemahlener Pfeffer
- 1 EL abgezupfte Bohnenkrautblättchen, in Streifen
- wenig Thai-Basilikum, fein geschnitten
- wenig Peperoncino, entkernt, klein gewürfelt

1 Zwiebeln im Öl andünsten, Lauch, Kürbis und Mais mitdünsten, mit Gemüsebrühe ablöschen, köcheln lassen, bis der Kürbis weich ist. Pürieren.

2 Suppe mit Rahm aufkochen, würzen, kurz köcheln lassen. Kräuter und Peperoncino zugeben.

kcal	231,2
Fett in g	14,8
mehrfach ungesättigte Fettsäuren in g	3,4
einfach ungesättigte Fettsäuren in g	6,4
gesättigte Fettsäuren in g	4,2
Kohlenhydrate in g	18,2
Eiweiss in g	3,7
Ballaststoffe gesamt in g	4,7
Natrium in mg	726,9

Gerstensuppe

Mahlzeit für 2 Personen

- 60 g Rollgerste
- 1 EL Olivenöl
- 1 kleine rote Zwiebel, klein gewürfelt
- 70 g Lauch, in Streifen
- 100 g grüne Bohnen
- 1 Karotte
- 150 g festkochende Kartoffeln
- 1 Lorbeerblatt
- wenig Bohnenkraut
- 3 dl/300 ml Wasser
- 100 g gekochte grosse weisse Bohnen (Soissonbohnen)
- Salz
- frisch gemahlener Pfeffer
- ½ Bund glattblättrige Petersilie, Blättchen abgezupft und gehackt

- Olivenöl, zum Beträufeln

1 Rollgerste gemäss Packungsbeschrieb kochen.

2 Bei den Bohnen Stielansatz entfernen, Bohnen halbieren. Karotte schälen, in Scheiben schneiden. Kartoffen schälen, in Würfelchen schneiden.

3 Zwiebeln, Lauch, Bohnen und Karotten im Öl andünsten, Kartoffeln, Lorbeerblatt und Bohnenkraut zugeben, mit Wasser ablöschen, Gerste zugeben, bei schwacher Hitze 15 bis 20 Minuten kochen, bis Kartoffeln und Gemüse gar sind. Grosse weisse Bohnen die letzten 10 Minuten mitkochen. Lorbeerblatt entfernen. Mit Salz und Pfeffer würzen, Petersilie unterrühren.

4 Gerstensuppe anrichten, mit Olivenöl beträufeln.

kcal	**416,1**
Fett in g	**9,1**
mehrfach ungesättigte Fettsäuren in g	**1,5**
einfach ungesättigte Fettsäuren in g	**5,5**
gesättigte Fettsäuren in g	**1,4**
Kohlenhydrate in g	**60,0**
Eiweiss in g	**17,8**
Ballaststoffe gesamt in g	**9,1**
Natrium in mg	**407,4**

Umbrische Reis-Linsen-Suppe

Mahlzeit für 2 Personen

- 1 EL Olivenöl
- 1 kleine Zwiebel, klein gewürfelt
- 1 Knoblauchzehe, klein gewürfelt
- 50 g braune Linsen
- 30 g Risottoreis
- ½ l Gemüsebrühe
- 200 g Fleischtomaten oder ½ Dose Pelati
- frisch gemahlener Pfeffer
- ½ Bund glattblättrige Petersilie

- Olivenöl, zum Abrunden

1 Zwiebeln und Knoblauch im Olivenöl andünsten, Linsen und Reis zugeben, mit Gemüsebrühe ablöschen, köcheln lassen, bis die Linsen und der Reis weich sind.

2 Tomaten an der Spitze kreuzweise einschneiden, in einem Schaumlöffel in kochendes Wasser tauchen, bis sich die Haut löst, kalt abschrecken, schälen. Oder: Tomaten mit fester Haut mit dem Sparschäler schälen. Stielansatz ausstechen. Tomaten würfeln.

3 Tomatenwürfelchen zur Suppe geben, 10 Minuten köcheln. Mit Pfeffer abschmecken. Petersilie von den Stielen zupfen, grob schneiden, zur Suppe geben. Anrichten. Mit Olivenöl beträufeln.

Varianten

Reis durch weisse Quinoa ersetzen. Grüne Bohnen oder grüne Erbsen mitkochen.

Inhaltsstoffe

Ideale Eiweisskombination.

kcal	**283,0**
Fett in g	**12,8**
mehrfach ungesättigte Fettsäuren in g	**3,6**
einfach ungesättigte Fettsäuren in g	**6,7**
gesättigte Fettsäuren in g	**1,8**
Kohlenhydrate in g	**29,6**
Eiweiss in g	**8,9**
Ballaststoffe gesamt in g	**5,6**
Natrium in mg	**344,8**

Di Capua

Gazpacho

Mahlzeit für 2 Personen

- 400 g reife Tomaten
- ½ Nostranogurke
- je ½ rote und gelbe Peperone/Gemüsepaprika
- 2 Knoblauchzehen
- wenig roter Peperoncino, längs aufgeschnitten, entkernt, in Streifen
- 100 g Weissbrotwürfel
- 1 EL Rotweinessig
- 1 EL Tomatenpüree
- 2–4 EL Olivenöl
- 1 Handvoll abgezupfte Petersilien- und Basilikumblättchen
- Kräutersalz
- frisch gemahlener Pfeffer

- glattblättrige Petersilie, für die Garnitur
- Olivenöl, zum Beträufeln

1 Tomaten an der Spitze kreuzweise einschneiden, im Schaumlöffel in kochendes Wasser tauchen, bis sich die Haut löst, kalt abschrecken. Tomaten schälen, Stielansatz ausstechen, vierteln und entkernen. Gurke schälen, halbieren, entkernen, in Würfelchen schneiden. Peperone halbieren, Stielansatz, Kerne und weisse Rippen entfernen, Schotenhälften würfeln.

2 Zutaten bis und mit Kräutern in einer Schüssel gut mischen, in Mixerglas oder mit Stabmixer nach und nach pürieren. Mit Kräutersalz und Pfeffer abschmecken.

3 Gazpacho anrichten. Petersilie darüberstreuen, mit Olivenöl beträufeln.

kcal	**364,1**
Fett in g	**17,7**
mehrfach ungesättigte Fettsäuren in g	**2,0**
einfach ungesättigte Fettsäuren in g	**11,2**
gesättigte Fettsäuren in g	**3,5**
Kohlenhydrate in g	**37,8**
Eiweiss in g	**8,3**
Ballaststoffe gesamt in g	**8,2**
Natrium in mg	**682,9**

Mahlzeiten

Hirsegriess-Kürbis-Auflauf

für eine kleine Gratinform
für 2 Personen

- 50 g geschälte, geriebene Mandeln
- 50 g geriebener Gruyère
- 80 g Sauerrahm / saure Sahne
- 3 EL Milch
- 2 Eier
- 60 g Hirsegriess
- 300 g Kürbis, z. B. Butternut oder Muscade de Provence, entkernt, geschält
- Provencekräuter oder 1 TL gehackter Thymian
- 1 Prise mittelscharfer Curry
- Kräutermeersalz
- frisch gemahlener Pfeffer

- Pinienkerne
- Salbeiblätter

1 Mandeln, Gruyère, Sauerrahm, Milch, Eier und Hirsegriess verrühren, Kürbisfleisch auf Röstiraffel dazureiben und untermischen. rund 30 Minuten quellen lassen.
2 Backofen auf 200 °C vorheizen.
3 Kräuter und Curry unter die Kürbismasse rühren, mit Salz und Pfeffer abschmecken, in eine mit Butter eingefettete Gratinform oder in eingefettete Portionenförmchen füllen, mit Pinienkernen und Salbeiblättern bestreuen.
4 Auflauf in der Mitte in den Ofen schieben und bei 200 °C 35 bis 45 Minuten backen, Nadelprobe machen. Lauwarm servieren.

Variante

Kürbis durch Zucchini ersetzen.

kcal	**640,2**
Fett in g	**42,5**
mehrfach ungesättigte Fettsäuren in g	**5,7**
einfach ungesättigte Fettsäuren in g	**16,0**
gesättigte Fettsäuren in g	**11,5**
Kohlenhydrate in g	**33,3**
Eiweiss in g	**27,2**
Ballaststoffe gesamt in g	**7,8**
Natrium in mg	**630,5**

Kürbisgratin

für 2 Personen

- 500–600 g Kürbis, Butternut oder Potimarron
- 1 mittelgrosse Zwiebel, klein gewürfelt
- 2–3 Knoblauchzehen, klein gewürfelt
- 3–4 EL Olivenöl
- 4 EL fein gehackte Kräuter: Salbei, Thymian, Oregano, Majoran, Kerbel
- Salz
- frisch gemahlener Pfeffer

- wenig Rahm / Sahne
- wenig Sbrinz oder Gruyère oder Bergkäse, gerieben

1 Kürbis schälen, entkernen und in Würfel schneiden.

2 Alle Zutaten in einer Gratinform mischen und mit Salz und Pfeffer würzen.

3 Kürbisgratin im vorgeheizten Ofen bei 220 °C rund 15 Minuten backen. Wenig Rahm darübergiessen und Käse darüberstreuen, weitere 10 Minuten backen.

Varianten

Gratin ohne Käse backen. Veganer ersetzen den Rahm durch Haferrahm.

kcal	**325,0**
Fett in g	**23,9**
mehrfach ungesättigte Fettsäuren in g	**2,2**
einfach ungesättigte Fettsäuren in g	**15,3**
gesättigte Fettsäuren in g	**5,0**
Kohlenhydrate in g	**18,4**
Eiweiss in g	**5,8**
Ballaststoffe gesamt in g	**7,3**
Natrium in mg	**413,2**

Gemüselasagne

für 2 Personen

- 6 getrocknete (ohne Vorkochen) Lasagneblätter
- 1–2 EL Olivenöl
- 300 g gemischtes Gemüse, z. B. Zwiebel (klein gewürfelt), Lauch (in Ringen), Aubergine, Zucchino, Karotte, Kürbis, Pastinake, Blumenkohl, Brokkoli
- 1 Knoblauchzehe, klein gewürfelt
- 1 Dose Pelati, 500 g
- frisch gemahlener Pfeffer
- getrocknete italienische Kräutermischung oder frische Kräuter (Thymian, Majoran, Rosmarin, Oregano, Basilikum)
- 1–2 EL geriebener Sbrinz oder Käse nach Wahl

1 Karotte, Kürbis und Pastinake schälen, auf der Röstraffel reiben. Aubergine und Zucchino beidseitig kappen, ungeschält in kleine Würfelchen schneiden. Blumenkohl und Brokkoli in kleinste Röschen teilen. Stielansatz bei Pelati entfernen, zerkleinern.

2 Gemüse und Knoblauch im Öl 5 bis 10 Minuten dünsten, Tomaten zugeben, mit Salz, Pfeffer und Kräutern würzen.

3 Boden der Form mit Gemüse bedecken, fortfahren mit einer Lage Lasagneblättern, Gemüse, Lasagneblättern, Gemüse, Lasagneblättern, abschliessen mit Gemüse.

4 Lasagne im vorgeheizten Ofen bei 180 °C rund 45 Minuten backen. Kurz vor Ende der Backzeit mit Käse bestreuen und überbacken.

Tipps

Immer genug Gemüse zubereiten. Reste eignen sich als Sauce zu Pasta und Reis oder für eine Suppe.
Für die Lasagne eignen sich auch gekochte Gemüsereste.

kcal	**312,4**
Fett in g	**17,1**
mehrfach ungesättigte Fettsäuren in g	**1,6**
einfach ungesättigte Fettsäuren in g	**8,6**
gesättigte Fettsäuren in g	**5,0**
Kohlenhydrate in g	**24,8**
Eiweiss in g	**11,4**
Ballaststoffe gesamt in g	**5,3**
Natrium in mg	**144,4**

Gemüserösti mit gebratenem Rosenkohl

Abbildung

für 2 Personen

- Bratbutter oder Olivenöl, zum Braten
- 400 g mehligkochende Kartoffeln
- 1 mittelgrosse Karotte oder Pastinake oder mehliger Kürbis, ca. 100 g
- ¼ kleiner Knollensellerie
- 1 kleine Zwiebel, klein gewürfelt
- 1 EL fein gehackte Kräuter: Rosmarin, Majoran, Thymian, Oregano
- Kräutersalz

- 2 EL Olivenöl
- 200 g Rosenkohl
- Kräutersalz

1 Kartoffeln und Gemüse schälen, auf Röstraffel reiben, mit Zwiebeln und Kräutern mischen und mit Kräutersalz würzen.

2 Reichlich Bratbutter in 2 kleinen Bratpfannen erhitzen. Kartoffel-Gemüse-Raspel auf die Pfannen verteilen, langsam beidseitig je 10 Minuten braten.

3 Hüllblätter beim Rosenkohl entfernen, Blätter einzeln ablösen und in einer Bratpfanne im Olivenöl rund 3 Minuten braten. Würzen. Auf der Rösti anrichten.

kcal	**286,6**
Fett in g	**8,1**
mehrfach ungesättigte Fettsäuren in g	**1,0**
einfach ungesättigte Fettsäuren in g	**5,4**
gesättigte Fettsäuren in g	**1,2**
Kohlenhydrate in g	**37,9**
Eiweiss in g	**9,4**
Ballaststoffe gesamt in g	**9,2**
Natrium in mg	**394,2**

Pfannengerührter Rosenkohl mit Ingwer und Orange

für 2 Personen

- 1 EL Sesamöl
- 1 kleine Zwiebel, klein gewürfelt
- 300–400 g Rosenkohl
- 1 EL Ingwerwürfelchen (Brunoise)
- 1 Bio-Orange, abgeriebene Schale und Saft
- Chilipulver
- frisch gemahlener Pfeffer

1 Hüllblätter beim Rosenkohl entfernen und Strunk eventuell frisch anschneiden.

2 Rosenkohl und Zwiebeln im Sesamöl andünsten, Ingwer zugeben, Gemüse knackig dünsten, Orangenschale und Orangensaft unterrühren, mit Chili, Salz und Pfeffer abschmecken.

Mahlzeit

Mit Trockenreis servieren.

kcal	**200,4**
Fett in g	**8,4**
mehrfach ungesättigte Fettsäuren in g	**3,7**
einfach ungesättigte Fettsäuren in g	**3,2**
gesättigte Fettsäuren in g	**1,1**
Kohlenhydrate in g	**15,7**
Eiweiss in g	**9,1**
Ballaststoffe gesamt in g	**10,3**
Natrium in mg	**18,6**

Gemüsefrittata

Abbildung

für 2 Personen

- 2 EL Olivenöl
- 150 g gemischtes Sommergemüse oder Gemüse nach Saison, auch Reste, z. B. Zwiebel, Peperone / Gemüsepaprika, Peperoncino, Lauch, Aubergine, Zucchino, Kürbis (z. B. Butternut), Kartoffel
- 1 Handvoll Wildkräuter, z. B. Melde, Portulak, Giersch, Leimkraut- oder Gartenkräuter
- 4 Eier
- 2 EL geriebener Käse, nach Belieben
- Meersalz
- frisch gemahlener Pfeffer

1 Eier verquirlen, Käse unterrühren, würzen.

2 Gemüse in Streifen schneiden, im Olivenöl langsam 20 Minuten dünsten, Kräuter kurz mitdünsten. Eier darübergiessen, stocken lassen.

Mahlzeit

Mit Salat servieren.

Frittata

Schmeckt warm und kalt, ist immer wieder anders, je nach Resten und saisonalem Angebot.

kcal	**329,6**
Fett in g	**25,9**
mehrfach ungesättigte Fettsäuren in g	**3,5**
einfach ungesättigte Fettsäuren in g	**14,2**
gesättigte Fettsäuren in g	**8,3**
Kohlenhydrate in g	**4,2**
Eiweiss in g	**19,9**
Ballaststoffe gesamt in g	**1,1**
Natrium in mg	**609,5**

Peperonata mit Basilikum und Oliven

für 2 Personen

- 2 EL Olivenöl
- 1 rote Zwiebel, grob gewürfelt
- je 1 rote, gelbe und grüne Peperone / Gemüsepaprika, ca. 500 g
- 1 EL Tomatenpüree
- Salz
- frisch gemahlener Pfeffer
- 2 EL fein geschnittener Basilikum
- einige schwarze Oliven, nach Belieben

1 Peperoni halbieren, Stielansatz mit Kernen entfernen. In 2 cm grosse Quadrate schneiden.

2 Zwiebeln und Peperoni in Bratpfanne im Olivenöl 5 Minuten dünsten, Tomatenpüree unterrühren, 15 bis 20 Minuten zugedeckt dünsten, Garprozess überwachen, damit das Gemüse nicht anbrennt. Mit Salz und Pfeffer würzen. Basilikum und Oliven untermischen.

Mahlzeit

Das Gemüse passt zu Pasta, weissen Bohnen und dunkler Baguette. Gemüse mit ein wenig Ricotta oder Feta anreichern. Das gibt eine hochwertige Eiweisskombination.

kcal	**244,1**
Fett in g	**15,4**
mehrfach ungesättigte Fettsäuren in g	**1,9**
einfach ungesättigte Fettsäuren in g	**10,4**
gesättigte Fettsäuren in g	**2,3**
Kohlenhydrate in g	**16,6**
Eiweiss in g	**4,3**
Ballaststoffe gesamt in g	**10,4**
Natrium in mg	**421,2**

Weisskabis indische Art

Abbildung

für 2 Personen

- 2 EL Sesamöl oder Olivenöl
- 1 kleine rote Zwiebel, in feinen Streifen/Ringen
- 1 Chilischote, eventuell entkernt, in Ringen
- ½ Weisskabis/-kohl
- ½ TL Curry
- ¼ TL Kurkuma
- gemahlener Kreuzkümmel
- Salz
- frisch gemahlener Pfeffer

- ½ Granatapfel, ausgelöste Kerne

1 Strunk beim Kabis herausschneiden, Kabis in feine Streifen schneiden.
2 Zwiebeln, Chili und Weisskabis im Öl andünsten, mit Curry, Kurkuma und Kreuzkümmel würzen, etwa 8 Minuten rührbraten, abschmecken mit Salz und Pfeffer.
3 Kabis anrichten, Granatapfelkerne darüberstreuen.

Mahlzeit

Kabis mit roten oder schwarzen Linsen servieren.

kcal	230,1
Fett in g	**16,0**
mehrfach ungesättigte Fettsäuren in g	**6,8**
einfach ungesättigte Fettsäuren in g	**6,3**
gesättigte Fettsäuren in g	**2,1**
Kohlenhydrate in g	**13,6**
Eiweiss in g	**4,2**
Ballaststoffe gesamt in g	**8,3**
Natrium in mg	**447,4**

Rotkabis und Blumenkohl auf Rucola

für 2 Personen

- ¼ Rotkabis/-kohl
- 2 Handvoll Blumenkohlröschen
- 2 Handvoll Rucola

Sauce

- 2–3 EL Zitronensaft oder Essig
- Salz
- frisch gemahlener Pfeffer
- wenig Senf, nach Belieben
- Olivenöl oder Haselnussöl oder gemischt

1 Rotkabis in feine Streifen hobeln.
2 Blumenkohl, Rotkabis und Sauce mischen.
3 Rucola auf Teller verteilen, Salat darauf anrichten.

Mahlzeit

Mit Bratkartoffeln servieren.

kcal	105,0
Fett in g	**5,7**
mehrfach ungesättigte Fettsäuren in g	**0,8**
einfach ungesättigte Fettsäuren in g	**3,6**
gesättigte Fettsäuren in g	**0,9**
Kohlenhydrate in g	**7,0**
Eiweiss in g	**3,5**
Ballaststoffe gesamt in g	**4,4**
Natrium in mg	**425,7**

Karotten-Topinambur-Tajine

für 2 Personen

- 3 EL Olivenöl oder Sesamöl
- 1 kleine Zwiebel, klein gewürfelt
- 2 Knoblauchzehen, klein gewürfelt
- 2 mittelgrosse Karotten
- 3 Topinambure
- 1 TL Kurkuma
- ½ TL Zimtpulver
- ½ TL Kreuzkümmelpulver
- wenig Cayennepfeffer
- wenig Honig oder 1 TL Zucker
- wenig Gemüsebrühe
- ½ Dose Kichererbsen oder frisch gekochte Kichererbsen, 130 g
- Koriander, grob gehackt
- evtl. Minze, grob gehackt
- Salz
- frisch gemahlener Pfeffer

- 1 Zitrone, in Schnitzen

1 Karotten und Topinambure längs vierteln.

2 Zwiebeln, Knoblauch, Karotten und Topinambure im Öl andünsten, Gewürze und Honig zugeben und mitdünsten, mit Gemüsebrühe ablöschen, köcheln, bis das Gemüse weich ist. Kichererbsen unterrühren, kurz köcheln. Kräuter unterrühren. Mit Salz und Pfeffer würzen. Mit Zitronenschnitzen garnieren.

kcal	**530,6**
Fett in g	**20,0**
mehrfach ungesättigte Fettsäuren in g	**3,9**
einfach ungesättigte Fettsäuren in g	**11,1**
gesättigte Fettsäuren in g	**3,1**
Kohlenhydrate in g	**43,4**
Eiweiss in g	**17,9**
Ballaststoffe gesamt in g	**52,2**
Natrium in mg	**662,8**

Bratkartoffeln mit grünen Bohnen

für 2 Personen

- Bratbutter oder Olivenöl oder High-Oleic-Sonnenblumenöl
- 1 mittelgrosse weisse oder rote Zwiebel, klein gewürfelt
- 1 EL fein gehackte Rosmarinnadeln oder abgezupfte, gehackte Thymian- oder Salbeiblättchen
- 400 g festkochende Kartoffeln oder Süsskartoffeln, gewürfelt
- 300 g grüne Bohnen
- Salz
- frisch gemahlener Pfeffer

1 Bei den Bohnen den Stielanansatz abschneiden, eventuell quer halbieren, im Dampf knackig garen.

2 Zwiebeln in Bratbutter andünsten, Kartoffeln zugeben und unter zeitweiligem Rühren langsam knusprig braten, Kräuter nach 10 Minuten zugeben, Bohnen die letzten 5 Minuten mitbraten, mit Salz und Pfeffer würzen.

Varianten

Im Winter die Bohnen durch Kürbis (mehlig-feste Sorte) ersetzen, der mitgebraten wird (nicht vorgaren). Auch Pastinaken eignen sich, die gleich von Beginn weg mit den Kartoffeln gebraten werden.

Tipps

Einige halbierte Cherrytomaten kurz mitbraten. Nach Belieben mit Ziegenfrischkäse, Ricotta oder Roquefort servieren.

kcal	**263,2**
Fett in g	**5,6**
mehrfach ungesättigte Fettsäuren in g	**0,7**
einfach ungesättigte Fettsäuren in g	**3,6**
gesättigte Fettsäuren in g	**0,9**
Kohlenhydrate in g	**40,7**
Eiweiss in g	**7,9**
Ballaststoffe gesamt in g	**5,9**
Natrium in mg	**399,1**

Blumenkohl mit Salbei

für 2 Personen

- 3–4 EL Olivenöl oder High-Oleic-Sonnenblumenöl oder Kokosöl, zum Braten
- 1 kleiner weisser oder halb weisser/ halb violetter Blumenkohl
- 10–12 Salbeiblättchen
- 50 g grob gehackte Haselnüsse
- Salz
- frisch gemahlener Pfeffer
- 1 Zitrone, wenig Saft und Schale

1 Strunk beim Blumenkohl abschneiden und für eine Suppe oder für Rohkost verwenden. Blume in kleine Röschen teilen.

2 Blumenkohlröschen im Öl bei mittlerer Hitze 12 bis 15 Minuten braten, ab und zu wenden. Sie sollen braun, jedoch nicht schwarz werden. Salbei und Haselnüsse kurz mitbraten, mit Salz und Pfeffer würzen. Nach Belieben mit Zitronensaft beträufeln, mit Zitronenschale abrunden.

Mahlzeit

Mit Reis oder anderem Getreide servieren.

kcal	422,6
Fett in g	36,7
mehrfach ungesättigte Fettsäuren in g	3,8
einfach ungesättigte Fettsäuren in g	27,0
gesättigte Fettsäuren in g	4,4
Kohlenhydrate in g	8,7
Eiweiss in g	10,5
Ballaststoffe gesamt in g	9,5
Natrium in mg	422,0

Wirz mit Nusscrumbles

für 2 Personen

- 1 Wirz/Wirsing

Crumbles

- 50 g grob gehackte Haselnüsse
- 1–2 EL Pinienkerne
- 2–3 EL Paniermehl
- 1 EL fein gehackter Thymian oder in Streifen geschnittener Salbei oder von beiden
- 1 Bio-Zitrone, Schale
- ca. 1 dl/100 ml Olivenöl
- Kräutersalz

- Zitronensaft

1 Für die Crumbles Nüsse und Paniermehl in Bratpfanne leicht rösten, Kräuter und abgeriebene Zitronenschale kurz mitrösten. Olivenöl zugeben, mit Kräutersalz abschmecken.

2 Wirz vierteln, einen Teil des Strunks keilförmig herausschneiden, die Blätter müssen noch zusammenhalten. Im Dampf 8 Minuten garen.

3 Wirz auf Platte legen, mit Zitronensaft beträufeln und Crumbles bestreuen.

kcal	**923,5**
Fett in g	**75,6**
mehrfach ungesättigte Fettsäuren in g	**10,7**
einfach ungesättigte Fettsäuren in g	**51,4**
gesättigte Fettsäuren in g	**9,8**
Kohlenhydrate in g	**29,5**
Eiweiss in g	**23,3**
Ballaststoffe gesamt in g	**18,3**
Natrium in mg	**458,2**

Rondini mit roter Quinoa

für 2 Personen

- 2 Rondini (Kürbisart)
- Gemüsebrühe

- 1 EL Olivenöl
- 1 kleine Zwiebel, klein gewürfelt
- 100 g gehackte Pilze
- 100 g gekochte rote Quinoa
- Kräutermeersalz
- frisch gemahlener Pfeffer
- fein gehackter Thymian
- 100 g Feta, zerbröckelt

1 Stielansatz der Rondini abschneiden, Gemüsefrüchte quer halbieren, mit einem EssLöffel so viel Fruchtfleisch herauslösen, dass genug Platz für die Füllung ist. Rondinihälften in Gemüsebrühe einige Minuten garen. Auskühlen lassen.

2 Backofen auf 200 °C vorheizen.

3 Zwiebeln, Pilze und gehacktes Rondinifleisch im Olivenöl andünsten, Quinoa unterrühren, mit Kräutersalz, Pfeffer und Thymian würzen.

4 Rondini in eine eingefettete Gratinform stellen, mit der Pilz-Quinoa-Mischung füllen, Feta darüberstreuen. Im vorgeheizten Ofen bei 180 bis 200 °C etwa 20 Minuten backen.

Variante

Rondini durch Zucchini oder durch kleine Patissons ersetzen.

kcal	**317,4**
Fett in g	**18,3**
mehrfach ungesättigte Fettsäuren in g	**1,5**
einfach ungesättigte Fettsäuren in g	**6,4**
gesättigte Fettsäuren in g	**8,9**
Kohlenhydrate in g	**21,3**
Eiweiss in g	**12,6**
Ballaststoffe gesamt in g	**7,3**
Natrium in mg	**1360,3**

Gebackener Fenchel mit roten Zwiebeln

für 2 Personen

- 4 EL Olivenöl oder Haselnussöl
- 3 Fenchel
- 2 rote Zwiebeln
- Kräutersalz
- frisch gemahlener Pfeffer
- wenig frischer Thymian oder Bohnenkraut, Blättchen abgestreift und gehackt
- 1 Bio-Zitrone, wenig abgeriebene Schale

1 Zähe, grobfasrige Stellen beim Fenchel mit dem Sparschäler entfernen. Fenchel längs vierteln oder achteln und auf ein mit Backpapier belegtes Blech legen.

2 Zwiebeln vierteln und über den Fenchel verteilen. Mit Olivenöl beträufeln, mit Salz und Pfeffer würzen und mit Thymian bestreuen.

3 Gemüse im vorgeheizten Ofen bei 200 bis 220 °C 30 bis 35 Minuten backen. Mit Zitronenschale abschmecken.

Mahlzeit

Mit Reis oder Polenta servieren.

kcal	**286,6**
Fett in g	**4,6**
mehrfach ungesättigte Fettsäuren in g	**2,2**
einfach ungesättigte Fettsäuren in g	**14,3**
gesättigte Fettsäuren in g	**3,0**
Kohlenhydrate in g	**16,8**
Eiweiss in g	**4,6**
Ballaststoffe gesamt in g	**7,2**
Natrium in mg	**940,7**

Gersten-Linsen-Eintopf

für 2 Personen

- 1 EL Olivenöl oder Haselnussöl
- 1 kleine Zwiebel, klein gewürfelt
- 75 g Gerste/Graupen
- ½ l Wasser
- 200 g gehackte Pelati aus der Dose
- 75 g braune Linsen oder Cannellinibohnen, eingeweicht
- 1 mittelgrosse Karotte, gewürfelt
- 1 kleiner Lauch, in feinen Scheiben
- Salz oder Gemüsebrühepulver
- frisch gemahlener Pfeffer

- gehackte glattblättrige Petersilie
- Olivenöl, zum Beträufeln

1 Zwiebeln im Öl andünsten, Gerste zugeben, mit Wasser auffüllen, aufkochen, Pelati zugeben, rund 40 Minuten köcheln lassen. Linsen und Karotten zugeben, Eintopf garen, bis Gerste und Linsen weich sind. Etwa 10 Minuten vor Ende der Garzeit Lauch zugeben. Würzen.

2 Eintopf am Tisch mit Petersilie bestreuen und mit Olivenöl beträufeln.

kcal	**377,7**
Fett in g	**9,1**
mehrfach ungesättigte Fettsäuren in g	**1,4**
einfach ungesättigte Fettsäuren in g	**5,5**
gesättigte Fettsäuren in g	**1,4**
Kohlenhydrate in g	**53,4**
Eiweiss in g	**15,4**
Ballaststoffe gesamt in g	**8,7**
Natrium in mg	**424,4**

Pilze im Kichererbsenteig

für 2 Personen

- 250 g kleine Champignons

Ausbackteig

- 2 EL Kichererbsenmehl (Bioladen oder Grossverteiler)
- 1 Ei
- 2–3 EL Bier oder vergorener Apfelsaft
- Salz

- High-Oleic-Sonnenblumenöl (Bratöl), zum Frittieren

1 Bei den Champignons die Stiele eventuell frisch anschneiden. Nicht waschen.

2 Für den Teig Kichererbsenmehl, Ei und Bier in einem Suppenteller verrühren, mit Salz würzen. 10 Minuten quellen lassen.

3 Sonnenblumenöl in einem Brattopf erhitzen. Pilze im Teig wenden und im Öl frittieren.

Tipps

Mit Salat servieren. Als Antipasto servieren.

Varianten

Frühlingszwiebeln, Salbei- und Beinwellblätter, Zucchini- und Kürbisscheiben eignen sich auch zum Frittieren im Teig.

Inhaltsstoffe

Pilze sind eine gute Vitamin-D-Quelle.

kcal	**126,9**
Fett in g	**3,6**
mehrfach ungesättigte Fettsäuren in g	**1,1**
einfach ungesättigte Fettsäuren in g	**1,5**
gesättigte Fettsäuren in g	**1,1**
Kohlenhydrate in g	**7,6**
Eiweiss in g	**11,8**
Ballaststoffe gesamt in g	**5,6**
Natrium in mg	**446,4**

Ofengemüse

für 2 Personen

- 400 g gemischtes Gemüse, z. B. Bundkarotte, Rande / Rote Beten, Kartoffel, Aubergine, Peperone / Gemüsepaprika, Lauch, Zwiebel, Kohlrabi, je nach Marktangebot
- Kräutersalz
- frisch gemahlener Pfeffer
- 2–3 EL Olivenöl oder Haselnussöl
- 1 kleine Handvoll Kräuter, je nach Saison: Rosmarin, Thymian, Salbei, Basilikum, Blättchen abgezupft und gehackt

Hüttenkäsedip

- 100 g Hüttenkäse / Cottage Cheese
- 1 EL Olivenöl
- frisch gemahlener Pfeffer
- Kräutersalz
- 1–2 EL gehackte Petersilie oder Kerbel oder Koriander oder Basilikum

Frischkäsedip

- 100 g Ziegen- oder Kuhmilchfrischkäse
- 1 EL Olivenöl, nach Belieben
- Kräutersalz
- 1–2 EL gehackte Petersilie oder Kerbel oder Koriander oder Basilikum oder fein geschnittener Schnittlauch
- 1 Bio-Zitrone, wenig Schale, nach Belieben

1 Gemüse waschen und gut bürsten, nicht schälen, längs halbieren oder vierteln oder in Schnitze schneiden. In eine mit Backpapier ausgekleidete Gratinform legen, mit Salz und Pfeffer würzen, mit Olivenöl beträufeln.

2 Gemüse im vorgeheizten Ofen bei 220 °C 30 bis 35 Minuten backen. Die Backzeit variiert je nach Schnittgrösse des Gemüses und dem gewünschtem Biss. Kräuter 5 Minuten vor Ende der Backzeit über das Gemüse streuen. Basilikum erst vor dem Servieren darüberstreuen.

Kräuter

Eventuell getrocknete Kräuter verwenden, zum Beispiel eine italienische Mischung oder Herbes de Provence. Wenn man zum Gemüse einen Kräuterdip serviert, kann man auf die Kräuter verzichten. Gut zum Gemüse passen auch Tahin (Sesampaste) und Gomasio (Sesamsalz).

kcal	**568,8**
Fett in g	**43,5**
mehrfach ungesättigte Fettsäuren in g	**3,1**
einfach ungesättigte Fettsäuren in g	**22,5**
gesättigte Fettsäuren in g	**13,5**
Kohlenhydrate in g	**24,2**
Eiweiss in g	**16,5**
Ballaststoffe gesamt in g	**6,3**
Natrium in mg	**1414,9**

Mediterraner Kohlrabi

für 2 Personen

- 2 EL Olivenöl
- 1 Bio-Kohlrabi
- 5 Zweiglein Thymian, Blättchen abgestreift
- 1 EL Tomatenpüree
- Gemüsebrühe
- Salz
- frisch gemahlener Pfeffer, nach Belieben

1 Kohlrabi schälen, längs vierteln und in Scheiben schneiden.

2 Kohlrabi im Olivenöl anbraten, Thymian und Tomatenpüree unterrühren, mit wenig Gemüsebrühe ablöschen, Gemüse bissfest garen. Mit Salz und Pfeffer würzen.

Kohlrabi

Nur Bio-Kohlrabi sind wirklich zart und aromatisch.

Mahlzeit

Mit roten oder schwarzen Linsen oder mit weissen Bohnen servieren. Zusätzlich einen bunten Blattsalat dazu servieren.

kcal	**120,4**
Fett in g	**10,4**
mehrfach ungesättigte Fettsäuren in g	**1,1**
einfach ungesättigte Fettsäuren in g	**7,2**
gesättigte Fettsäuren in g	**1,5**
Kohlenhydrate in g	**4,3**
Eiweiss in g	**1,9**
Ballaststoffe gesamt in g	**1,5**
Natrium in mg	**435,2**

Gebratener Grünspargel

für 2 Personen

- 1 Bund Grünspargel, 500 g
- 2 EL Olivenöl oder Haselnussöl
- 1 TL fein gehackter Zitronenthymian oder normaler Thymian
- Salz

1 Unteres Drittel des Grünspargels schälen und Schnittstelle frisch anschneiden («Abfall» für eine Suppe verwenden).

2 Grünspargel auf ein mit Backpapier belegtes Blech verteilen, mit 2 EL Olivenöl beträufeln, mit Thymian und Salz würzen. Im vorgeheizten Ofen bei 200 °C 15 bis 20 Minuten backen, der Spargel sollte noch etwas Biss haben.

Mahlzeit

Pro Person mit 2 Ofenkartoffeln oder 2 EL gekochten grünen Puy-Linsen servieren. Nach Belieben mit Fetawürfelchen oder mit frischem Ricotta (Molkerei) anreichern.

kcal	**142,2**
Fett in g	**10,4**
mehrfach ungesättigte Fettsäuren in g	**1,1**
einfach ungesättigte Fettsäuren in g	**7,1**
gesättigte Fettsäuren in g	**1,5**
Kohlenhydrate in g	**5,3**
Eiweiss in g	**4,9**
Ballaststoffe gesamt in g	**3,6**
Natrium in mg	**398,8**

Curry-Zucchini mit Pinienkernen

für 2 Personen

- 1–2 EL Olivenöl
- 2 junge Zucchini
- 1 TL mittelscharfer Curry
- Gemüsebrühe
- fein gehackte Petersilie
- 2 EL Pinienkerne, geröstet

1 Zucchini beidseitig kappen, in 5 mm dicke Scheiben oder in Würfel schneiden.

2 Zucchini im Olivenöl andünsten, Curry darüberstreuen, mit ein wenig Gemüsebrühe ablöschen, Gemüse knackig garen. Petersilie unterrühren, mit Pinienkernen bestreuen.

Mahlzeit

Mit Ofenkartoffeln (120 g pro Person) oder Hülsenfrüchten (50 g rohe respektive 100 g gekochte Hülsenfrüchte) servieren. Oder mit einem Salat und einem Spiegelei servieren.

kcal	**210,2**
Fett in g	**18,3**
mehrfach ungesättigte Fettsäuren in g	**4,6**
einfach ungesättigte Fettsäuren in g	**10,2**
gesättigte Fettsäuren in g	**2,5**
Kohlenhydrate in g	**4,6**
Eiweiss in g	**5,9**
Ballaststoffe gesamt in g	**2,5**
Natrium in mg	**66,5**

Spinat mit Rosinen und Pinienkernen

für 2 Personen

- 2 EL Olivenöl
- 1 kleine rote Zwiebel, klein gewürfelt
- 500 g junger Spinat
- Salz
- frisch gemahlener Pfeffer
- 40 g Rosinen, in Weisswein oder in Vin Santo eingelegt
- 2 EL leicht geröstete Pinienkerne

Zwiebeln im Olivenöl andünsten, Spinat mitdünsten und zusammenfallen lassen, mit Salz und Pfeffer würzen, Rosinen unterrühren, kurz köcheln lassen. Anrichten. Mit Pinienkernen bestreuen.

Mahlzeit

Mit Bratkartoffeln oder Trockenreis servieren.

kcal	**300,7**
Fett in g	**18,5**
mehrfach ungesättigte Fettsäuren in g	**4,8**
einfach ungesättigte Fettsäuren in g	**10,1**
gesättigte Fettsäuren in g	**2,5**
Kohlenhydrate in g	**17,3**
Eiweiss in g	**11,4**
Ballaststoffe gesamt in g	**6,9**
Natrium in mg	**566,6**

Randenrisotto

für 2 Personen

- 1 EL Butter
- 1 kleine Zwiebel, klein gewürfelt
- 1 kleine rohe Rande / Rote Bete
- 150 g Risottoreis
- ½ dl / 50 ml Rotwein oder Randen- / Rote-Bete-Saft
- ca. ½ l heisse Gemüsebrühe
- 50 g Ziegenfrischkäse (darf nicht böckeln) oder 1 EL Crème fraîche oder Frischkäse
- wenig Olivenöl, zum Abschmecken
- frisch gemahlener Pfeffer

1 Rande schälen, auf Bircherraffel fein reiben.

2 Zwiebeln und Randen in mässig warmer Butter andünsten, Reis kurz mitdünsten, mit Rotwein ablöschen und einkochen lassen. Nach und nach Gemüsebrühe zugeben, häufig rühren, etwa 15 Minuten köcheln. Ziegenfrischkäse unterrühren, mit Olivenöl und Pfeffer abschmecken.

Variante

Rande durch Kürbis ersetzen.

kcal	**504,3**
Fett in g	**16,7**
mehrfach ungesättigte Fettsäuren in g	**3,3**
einfach ungesättigte Fettsäuren in g	**5,8**
gesättigte Fettsäuren in g	**6,8**
Kohlenhydrate in g	**70,3**
Eiweiss in g	**10,6**
Ballaststoffe gesamt in g	**5,3**
Natrium in mg	**403,1**

Marronirisotto

für 2 Personen

- 1 EL Butter
- 1 kleine Zwiebel, klein gewürfelt
- 150 g Risottoreis
- ½ dl / 50 ml Weisswein
- ca. ½ l heisse Gemüsebrühe
- 100 g Kastanien aus dem Glas
- 1 EL Butter
- glattblättrige Petersilie, Blättchen abgezupft und gehackt
- wenig geriebener Käse, nach Belieben

Zwiebeln in mässig heisser Butter andünsten, Reis kurz mitdünsten, mit Weisswein ablöschen, einkochen lassen. Nach und nach Gemüsebrühe zugeben, häufig rühren, etwa 20 Minuten köcheln. Marroni die letzten 5 Minuten mitkochen; sie dürfen ein wenig zerfallen. Mit Butter verfeinern. Mit Petersilie bestreuen. Käse separat servieren.

kcal	**593,1**
Fett in g	**21,5**
mehrfach ungesättigte Fettsäuren in g	**3,4**
einfach ungesättigte Fettsäuren in g	**6,3**
gesättigte Fettsäuren in g	**10,7**
Kohlenhydrate in g	**81,2**
Eiweiss in g	**10,6**
Ballaststoffe gesamt in g	**6,8**
Natrium in mg	**365,6**

Zucchini-Risotto

für 2 Personen

- 1 EL Butter
- 1 kleine Zwiebel, klein gewürfelt
- 150 g Risottoreis
- ½ dl / 50 ml Weisswein
- ca. ½ l heisse Gemüsebrühe
- 100 g Zucchini
- frisch gemahlener Pfeffer
- 10 Basilikumblättchen, fein geschnitten
- Zitronenöl oder wenig Butter
- wenig geriebener Sbrinz

Zwiebeln im Öl andünsten, Reis kurz mitdünsten, mit Weisswein ablöschen und einkochen lassen. Nach und nach Gemüsebrühe zugeben, häufig rühren, etwa 15 Minuten köcheln. Zucchini auf der Bircherraffel dazureiben, kurz köcheln. Risotto mit Pfeffer, Basilikum, wenig Zitronenöl und Sbrinz abschmecken.

Tipp

Wenn die Zucchini am Schluss zugegeben werden, bekommt der Risotto eine frische gelbgrüne Farbe. Je jünger die Zucchini, desto feiner das Aroma.

kcal	**467,0**
Fett in g	**16,6**
mehrfach ungesättigte Fettsäuren in g	**16,6**
einfach ungesättigte Fettsäuren in g	**4,6**
gesättigte Fettsäuren in g	**7,9**
Kohlenhydrate in g	**62,5**
Eiweiss in g	**10,4**
Ballaststoffe gesamt in g	**3,5**
Natrium in mg	**366,7**

Risotto mit Kürbis und Spinat

für 2 Personen

- 1 EL Butter
- 1 kleine Zwiebel, klein gewürfelt
- 120–150 g Risottoreis
- ½ dl / 50 ml Weisswein
- ca. ½ l heisse Gemüsebrühe
- 400 g Kürbis, Potimarron oder Butternut oder andere mehlige Sorte, entkernt, geschält
- 1 TL abgezupfte Thymian- und Majoranblättchen
- 2 Handvoll Spinat
- frisch gemahlener Pfeffer
- Salz
- 100 g Ziegen- oder anderer Frischkäse
- wenig Olivenöl oder Butter

1 Kürbisfleisch auf der Röstiraffel reiben.

2 Zwiebeln in mässig warmer Butter andünsten, Reis kurz mitdünsten, mit Weisswein ablöschen und einkochen lassen. Kürbis und Kräuter und nach und nach Gemüsebrühe zugeben, 15 Minuten köcheln. Spinat unterrühren, nur kurz erhitzen, damit er zusammenfällt. Frischkäse unterrühren, mit Pfeffer und eventuell Salz und Olivenöl abschmecken.

kcal	**651,6**
Fett in g	**30,0**
mehrfach ungesättigte Fettsäuren in g	**3,8**
einfach ungesättigte Fettsäuren in g	**9,6**
gesättigte Fettsäuren in g	**14,9**
Kohlenhydrate in g	**71,9**
Eiweiss in g	**14,9**
Ballaststoffe gesamt in g	**7,6**
Natrium in mg	**930,1**

Mais-Wildreis-Burger

für 2 Personen

Burger

- 1 Zuckermaiskolben oder
  1 kleine Dose Bio-Maiskörner
- ½ Bund Frühlingszwiebeln, fein geschnitten, oder 1 Zwiebel, klein gewürfelt
- 50 g Wildreis
- 1–2 Eier, verquirlt
- 1 kleine Chilischote, entkernt und klein gewürfelt
- ½ Bund Schnittlauch, fein geschnitten
- Salz
- frisch gemahlener Pfeffer

- Olivenöl, zum Braten

Chilidip

- 1–2 rote Chilischoten, entkernt, klein gewürfelt
- 1 kleine Zwiebel, klein gewürfelt
- 2 Knoblauchzehen, klein gewürfelt
- 1 Bio-Zitrone, wenig Schale und Saft
- 2 TL gehackte Korianderblättchen
- 1 Prise Paprikapulver
- 1 Prise Kurkuma
- einige Kreuzkümmelsamen, trocken geröstet
- Salz

1 Wildreis in der doppelten Menge Wasser etwa 25 Minuten ohne Salz kochen oder 10 Minuten kochen und auf der ausgeschalteten Wärmequelle 15 Minuten zugedeckt ausquellen lassen.

2 Hüllblätter und Barthaare beim Maiskolben entfernen, Maiskörner mit scharfen Messer vom Kolben schneiden, im Dampf rund 5 Minuten garen.

3 Alle Zutaten für die Burgermasse verrühen.

4 Olivenöl in der Bratpfanne nicht zu stark erhitzen. Für jeden Burger einen gehäuften Esslöffel Wildreismasse in die Pfanne geben und beidseitig braten.

5 Zutaten für den Chilidip verrühren und mit Salz abschmecken.

Serviervorschlag

Mit Salat servieren.

Varianten

Schnittlauch durch gehackten Koriander oder gehackte glattblättrige Petersilie ersetzen.

Tipp

Die Burger schmecken auch kalt.

kcal	**390,4**
Fett in g	**13,7**
mehrfach ungesättigte Fettsäuren in g	**2,6**
einfach ungesättigte Fettsäuren in g	**7,6**
gesättigte Fettsäuren in g	**3,2**
Kohlenhydrate in g	**43,2**
Eiweiss in g	**17,3**
Ballaststoffe gesamt in g	**9,4**
Natrium in mg	**373,2**

Haferflocken-Lauch-Medaillons

für 2 Personen

- 1 mittelgrosser Lauch oder
  2 Bund Frühlingszwiebeln mit Grün
- 4 Eier
- 4 EL feine Haferflocken
- Salz
- frisch gemahlener Pfeffer
- frischer Majoran, Blättchen abgezupft und fein gehackt
- 1 Bio-Zitrone, abgeriebene Schale
- Olivenöl, zum Braten

1 Grobfasrige Teile beim Lauch entfernen, Stangen längs halbieren, quer in 5 mm breite Streifen schneiden. Lauch im Dampf 3 bis 4 Minuten garen. Abkühlen lassen. Zwiebeln mit Grün in Scheiben/Ringe schneiden, nicht vorgaren.

2 Eier verquirlen, Haferflocken, Lauch und Zwiebeln unterrühren, würzen.

3 In der Bratpfanne wenig Olivenöl nicht zu stark erhitzen. Für ein Medaillon einen gehäuften Esslöffel Lauchmasse in die Pfanne geben und beidseitig braten.

Mahlzeit

Mit Salat oder in Viertel geschnittenen, gebratenen Champignons servieren. Gut dazu passt auch ein Dip, siehe Ofengemüse, Seite 106.

Varianten

1 mittelgrossen Lauch vorbereiten (Punkt 1). 50 g Quark, ½ dl / 50 ml Milch, 1 Ei, 60 g Haferflocken, gehackten Majoran und Thymian verrühren, mit Kräutersalz abschmecken. 20 Minuten quellen lassen. Medaillons braten (Punkt 3). Lauch durch Kürbis ersetzen.

kcal	**301,7**
Fett in g	**13,5**
mehrfach ungesättigte Fettsäuren in g	**3,1**
einfach ungesättigte Fettsäuren in g	**6,4**
gesättigte Fettsäuren in g	**4,5**
Kohlenhydrate in g	**22,5**
Eiweiss in g	**19,5**
Ballaststoffe gesamt in g	**4,4**
Natrium in mg	**564,7**

Kartoffel-Auberginen-Curry

für 2 Personen

- 1½ EL Oliven- oder Haselnussöl
- 1 kleine Zwiebel, klein gewürfelt
- 200 g Auberginen
- wenig rote Chilischote, in feinen Ringen
- 300 g festkochende Kartoffeln
- 1½ TL mittelscharfer Curry
- 1 Msp Kurkuma
- 1 dl / 100 ml Gemüsebrühe
- Meersalz
- frisch gemahlener Pfeffer

- Koriander oder glattblättrige Petersilie
- einige trocken geröstete Cashewnüsse

1 Kartoffeln schälen, in Würfel schneiden. Aubergine beidseitig kappen, in Würfel schneiden.

2 Zwiebeln, Auberginen und Chiliringe im Olivenöl andünsten, Kartoffeln zugeben, mit Curry und Kurkuma bestäuben, mit Gemüsebrühe ablöschen, köcheln, bis die Kartoffeln weich sind. Mit Salz und Pfeffer abschmecken.

3 Kräuter von Stielen zupfen und über den Eintopf streuen. Mit Cashewnüssen garnieren.

Tipp

Crème fraîche mit Kräutern anreichern, mit Salz und Pfeffer abschmecken, separat zum Eintopf servieren.

kcal	**232,7**
Fett in g	**9,1**
mehrfach ungesättigte Fettsäuren in g	**1,4**
einfach ungesättigte Fettsäuren in g	**5,7**
gesättigte Fettsäuren in g	**1,4**
Kohlenhydrate in g	**29,5**
Eiweiss in g	**5,0**
Ballaststoffe gesamt in g	**4,3**
Natrium in mg	**539,0**

Kartoffel-Kürbis-Püree mit gebratenem Fenchel

für 2 Personen

- 300 g mehligkochende Kartoffeln
- 200 g mehliger Kürbis, entkernt
- einige Petersilienzweiglein, Blättchen abgezupft und gehackt
- 1 Prise Muskatnuss
- frisch gemahlener Pfeffer
- Meersalz
- ½ dl / 50 ml Rahm / Sahne

- Haselnuss- oder Olivenöl
- 2 kleine Fenchel
- Salz
- frisch gemahlener Pfeffer
- einige Pinienkerne

1 Kartoffeln und Kürbis schälen, in Würfel schneiden Im Dampf weich kochen. Mit dem Kartoffelstampfer zerstampfen oder durch das Passevite drehen, Petersilie unterrühren, würzen. Vor dem Servieren Rahm unterrühren und Püree erwärmen.

2 Fenchel in Streifen schneiden, im Öl rührbraten, mit Salz und Pfeffer würzen, Pinienkerne unterrühren.

Mahlzeit

Mit einem Salat servieren.

Variante

Kartoffeln durch Süsskartoffeln ersetzen.

kcal	**360,4**
Fett in g	**18,8**
mehrfach ungesättigte Fettsäuren in g	**2,4**
einfach ungesättigte Fettsäuren in g	**9,4**
gesättigte Fettsäuren in g	**6,0**
Kohlenhydrate in g	**35,2**
Eiweiss in g	**8,2**
Ballaststoffe gesamt in g	**7,7**
Natrium in mg	**832,8**

Pasta mit Zucchini und Erbsen

für 2 Personen

- 200 g Penne oder Pasta nach Wahl
- 2 EL Olivenöl
- 2 kleine Zucchini
- 1 Peperoncino, eventuell entkernt, in Ringen, nach Belieben
- 2 Knoblauchzehen, in feinen Scheiben
- ca. 150 g frische grüne Erbsen
- Salz
- frisch gemahlener Pfeffer
- 1 Bio-Zitrone, wenig abgeriebene Schale, nach Belieben
- 2 Zweiglein rotes oder grünes Basilikum
- 100 g Käserei-Ricotta oder Ziegenfrischkäse oder Gorgonzola

- Sbrinz oder Parmesan, zum Bestreuen
- Olivenöl

1 Zucchini beidseitig kappen, in feine Scheiben hobeln oder schneiden.

2 Zucchini, Peperoncino und Knoblauch im Olivenöl 4 Minuten dünsten, Erbsen 2 bis 3 Minuten mitdünsten, mit Salz, Pfeffer, Zitronenschale und abgezupften Basilikumblättchen würzen.

3 Pasta in reichlich Salzwasser al dente kochen, abgiessen.

4 Pasta, Gemüse und Ricotta mischen. Anrichten. Am Tisch mit Käse und Olivenöl abschmecken.

Varianten

Basilikumblättchen in wenig Olivenöl knusprig braten. Basilikum durch Salbei ersetzen und ebenfalls knusprig braten.

kcal	**699,9**
Fett in g	**23,6**
mehrfach ungesättigte Fettsäuren in g	**2,7**
einfach ungesättigte Fettsäuren in g	**9,8**
gesättigte Fettsäuren in g	**8,8**
Kohlenhydrate in g	**86,5**
Eiweiss in g	**29,1**
Ballaststoffe gesamt in g	**9,0**
Natrium in mg	**610,3**

Orecchiette mit Brokkoli und Tomaten

für 2 Personen

- 250 g frische Orecchiette oder
  150 g getrocknete Orecchiette
- 400 g Brokkoli oder Cima di Rapa

- 3–4 EL Olivenöl
- 1–2 Knoblauchzehen, in feinen Scheiben
- 1 kleiner Peperoncino, aufgeschnitten, entkernt, in Streifchen
- 150 g Cherrytomaten
- Salz
- frisch gemahlener Pfeffer

- einige leicht geröstete Pinienkerne

- geriebener Käse, nach Belieben
- Mozzarella, nach Belieben

1 Brokkolistrunk abschneiden, mit Sparschäler schälen, in Stäbchen schneiden, Blume in kleine Röschen teilen. Cherrytomaten halbieren.

2 Knoblauch und Peperoncino im Olivenöl weich dünsten, Tomaten kurz mitdünsten, mit Salz und Pfeffer würzen.

3 Frische Orecchiette in reichlich Salzwasser 5 bis 6 Minuten kochen, Brokkoli nach 2 Minuten zugeben und mitkochen, abgiessen. Trockene Orecchiette rund 12 Minuten kochen, Brokkoli nach 8 Minuten zugeben und mitkochen, abgiessen (Kochwasser für eine Suppe verwenden).

4 Pasta mit Tomaten und Pinienkernen mischen. Käse separat servieren.

kcal	**690,8**
Fett in g	**34,2**
mehrfach ungesättigte Fettsäuren in g	**5,4**
einfach ungesättigte Fettsäuren in g	**17,9**
gesättigte Fettsäuren in g	**8,3**
Kohlenhydrate in g	**63,0**
Eiweiss in g	**27,2**
Ballaststoffe gesamt in g	**10,7**
Natrium in mg	**580,8**

Penne mit Auberginen-Tomaten-Ragout

für 2 Personen

- 150–200 g Penne

- 2 EL Olivenöl
- 1 kleine rote Zwiebel, klein gewürfelt
- 1 Knoblauchzehe, klein gewürfelt
- wenig Peperoncino, entkernt, in Streifchen, nach Belieben
- 2 Fingerauberginen oder 1 normale Aubergine, ca. 200 g
- Gemüsebrühe
- 200 g Cherrytomaten
- Salz
- frisch gemahlener Pfeffer
- 150 g Büffelmozzarella, zerpflückt
- ½ Bund Basilikum, fein geschnitten

- Sbrinz, nach Belieben
- Olivenöl, nach Belieben

1 Penne in reichlich Salzwasser al dente kochen, abgiessen und mit kaltem Wasser abschrecken.

2 Auberginen beidseitig kappen, kleine Exemplare in Scheiben, grössere in Würfel schneiden. Cherrytomaten halbieren.

3 Zwiebeln, Knoblauch, Peperoncino und Auberginen im Olivenöl einige Minuten dünsten, mit wenig Gemüsebrühe ablöschen, Tomaten zugeben, 10 bis 15 Minuten weiterdünsten, bis die Auberginen weich sind, mit Salz und Pfeffer würzen. Penne zugeben, erhitzen. Mozzarella unterrühren. Sofort anrichten. Mit Basilikum bestreuen.

Tipp

Am Tisch mit Sbrinz und Olivenöl abrunden.

Varianten

Auberginen durch Kürbis ersetzen oder nur Tomaten verwenden.

kcal	**784,3**
Fett in g	**35,5**
mehrfach ungesättigte Fettsäuren in g	**3,1**
einfach ungesättigte Fettsäuren in g	**14,1**
gesättigte Fettsäuren in g	**15,4**
Kohlenhydrate in g	**79,0**
Eiweiss in g	**32,8**
Ballaststoffe gesamt in g	**7,1**
Natrium in mg	**606,7**

Nudeln mit Cicorino rosso

für 2 Personen

- 160 g Nudeln

- 2–3 EL Olivenöl
- 1 kleine Zwiebel, klein gewürfelt
- 200 g Cicorino rosso oder Trevisano, fein geschnitten
- 1 kleines Glas Rotwein
- 50 g Gorgonzola oder Frischkäse
- 1 dl / 100 ml Rahm / Sahne
- Meersalz
- frisch gemahlener Pfeffer

- geriebener Sbrinz

1 Zwiebeln im Olivenöl 5 Minuten dünsten, Cicorino rosso einige Minuten mitdünsten, mit Rotwein ablöschen und weiterdünsten, bis die Flüssigkeit verdunstet ist, Gorgonzola und Rahm unterrühren, ein wenig einkochen lassen, mit Salz und Pfeffer abschmecken.

2 Nudeln in reichlich Salzwasser al dente kochen, abgiessen, mit heisser Sauce mischen, anrichten, mit Sbrinz bestreuen.

Serviervorschlag

Mit Salat servieren.

Zum Rezept

Ein Klassiker aus der italienischen Küche.

Tipp

Wer den bitteren Geschmack des Cicorino rosso nicht mag, kann die Nudeln auch mit Wirz zubereiten und diesen mit Weisswein ablöschen.

kcal	**780,4**
Fett in g	**44,9**
mehrfach ungesättigte Fettsäuren in g	**3,1**
einfach ungesättigte Fettsäuren in g	**19,0**
gesättigte Fettsäuren in g	**19,4**
Kohlenhydrate in g	**62,4**
Eiweiss in g	**22,0**
Ballaststoffe gesamt in g	**4,3**
Natrium in mg	**880,0**

Pikante Spaghetti

Abbildung

für 2 Personen

- 160–250 g Spaghetti
- ca. ½ dl/50 ml Olivenöl
- 1–2 Peperoncini, je nach gewünschter Schärfe
- 2–4 Knoblauchzehen
- reichlich glattblättrige Petersilie
- 2 EL trocken geröstete Pinienkerne

- geriebener Pecorino oder Sbrinz, nach Belieben

1 Peperoncini aufschneiden, eventuell entkernen, in Würfelchen (Brunoise) schneiden. Petersilie von den Stielen zupfen und hacken.
2 Spaghetti in reichlich Salzwasser al dente kochen, abgiessen.
3 Knoblauch im Olivenöl gelb (nicht braun) werden lassen, Peperoncini und Petersilie zugeben und nur heiss werden lassen. Sofort mit den Spaghetti mischen, mit Pinienkernen bestreuen.

Variante

Frischen Peperoncino durch 1–1½ TL getrockneten Peperoncino ersetzen. Wichtig: Bestes Olivenöl ist das A und O für die himmlischen Spaghetti.

kcal	824,9
Fett in g	38,0
mehrfach ungesättigte Fettsäuren in g	6,6
einfach ungesättigte Fettsäuren in g	21,7
gesättigte Fettsäuren in g	7,3
Kohlenhydrate in g	92,7
Eiweiss in g	23,9
Ballaststoffe gesamt in g	8,2
Natrium in mg	115,8

Pasta mit Kefen und Nusspesto

für 2 Personen

- 120–140 g Pasta nach Wahl
- 200 g junge Kefen/Zuckerschoten, Stielansatz entfernt
- Olivenöl

Pesto

- 100 g Baum-/Walnüsse
- 1 Bund Basilikum
- 6 EL Olivenöl
- Salz
- frisch gemahlener Pfeffer
- Sbrinz
- 1 Bio-Zitrone, fein abgeriebene Schale
- evtl. wenig Nudelkochwasser, zum Verdünnen

1 Für den Pesto Nüsse, Basilikum und Olivenöl grob mixen. Restliche Zutaten unterrühren.
2 Pasta in reichlich Salzwasser al dente kochen, Kefen 5 Minuten mitkochen. Abgiessen. Mit wenig Olivenöl mischen. Anrichten. Nusspesto separat servieren.

kcal	1059,5
Fett in g	76,4
mehrfach ungesättigte Fettsäuren in g	30,1
einfach ungesättigte Fettsäuren in g	32,2
gesättigte Fettsäuren in g	11,0
Kohlenhydrate in g	63,5
Eiweiss in g	25,4
Ballaststoffe gesamt in g	10,2
Natrium in mg	443,5

Zucchinipizza

für ein Blech von 26 bis 28 cm Durchmesser
für 2 Personen

- 200 g Dinkelruchmehl oder 100 g Dinkelruchmehl und 100 g Hartweizendunst (für einen knusprigen Teig)
- ½ TL Meersalz
- 10 g Hefe
- 1 dl / 100 ml lauwarmes Wasser
- 2 EL Olivenöl

Belag

- 2 Zucchini
- Rosmarin und Thymian/Zitronenthymian, gehackt
- 80–100 g geriebener Sbrinz
- Salz
- frisch gemahlener Pfeffer
- 4 EL Olivenöl

1 Für den Teig Mehl und Salz in einer Schüssel mischen, eine Vertiefung drücken. Hefe und die Hälfte des Wassers in die Vertiefung geben, so viel Mehl unterrühren, dass ein Teiglein entsteht, 15 Minuten ruhen lassen. Restliche Zutaten zugeben, alles zu einem glatten, elastischen Teig kneten. Pizzateig zugedeckt auf das doppelte Volumen aufgehen lassen.
2 Backofen auf 220 °C vorheizen.
3 Pizzateig auf Blechgrösse ausrollen, auf den mit Backpapier belegten Blechrücken legen. Zucchini beidseitig kappen und in sehr feine Scheiben schneiden/hobeln, auf den Teigboden verteilen, Kräuter darüberstreuen, mit Käse bestreuen, mit Salz, Pfeffer und Olivenöl würzen.
4 Pizza in der Mitte in den Ofen schieben und bei 220 °C 15 bis 18 Minuten backen.

Wichtig

Backvorgang überwachen, damit der Käse nicht verbrennt.

Varianten

Zucchini durch rote Zwiebeln oder Lauch (je nach Saison) ersetzen. Mit Salat servieren.

kcal	**854,7**
Fett in g	**47,0**
mehrfach ungesättigte Fettsäuren in g	**4,0**
einfach ungesättigte Fettsäuren in g	**23,8**
gesättigte Fettsäuren in g	**11,9**
Kohlenhydrate in g	**73,3**
Eiweiss in g	**31,7**
Ballaststoffe gesamt in g	**6,0**
Natrium in mg	**1302,4**

Tomaten-Tarte-Tatin mit Ziegenricotta

für ein Blech von 26cm Durchmesser
für 2 Personen

Teig

- 250 g Dinkelruch- oder -weissmehl
- 100 g kalte Butterstückchen
- 1 EL Wassser
- 1 Eigelb
- 1 Prise Salz

Belag

- ca. 500 g Cherrytomaten oder sardische Tomaten
- 2 TL Akazienhonig
- ½–1 EL Olivenöl
- 1–2 Frühlingszwiebeln, fein gehobelt, nach Belieben
- Meersalz
- frisch gemahlener Pfeffer
- 6 TL frischer Ziegenricotta oder Ziegenkäse, z. B. Caprino
- 10 Majoran- oder Basilikumblättchen

1 Für den Teig alle Zutaten in den Cutter geben und kurz verkneten. Zwischen Klarsichtfolien auf Formgrösse ausrollen und kühl stellen.

2 Backofen auf 180 °C vorheizen.

3 Blech mit etwas Honig bestreichen. Tomaten halbieren und mit der Schnittfläche nach oben auf das Blech legen. Zwiebeln im Olivenöl 3 Minuten dünsten, auf Tomaten verteilen. Mit Salz und Pfeffer würzen. Ricotta darauf verteilen. Kräuter darüberstreuen. Teigrondelle darauflegen, andrücken und Rand festdrücken. Mit der Gabel ein paar Mal einstechen.

4 Tomaten-Tarte-Tatin auf zweitunterster Schiene in den vorgeheizten Ofen schieben und bei 180 °C etwa 30 Minuten backen. Etwas abkühlen lassen. Danach stürzen. Lauwarm servieren.

Varianten

Gekauften Blätterteig verwenden. Tomaten durch junge Zucchini (in Scheiben) ersetzen.

kcal	**980,7**
Fett in g	**53,3**
mehrfach ungesättigte Fettsäuren in g	**3,0**
einfach ungesättigte Fettsäuren in g	**17,0**
gesättigte Fettsäuren in g	**29,7**
Kohlenhydrate in g	**98,6**
Eiweiss in g	**22,0**
Ballaststoffe gesamt in g	**8,4**
Natrium in mg	**813,8**

Vor Gebrauch waschen

Polenta-«Flammkuchen»

für ein rechteckiges Backblech
für 4 Personen

- 250 g 2-Minuten-Maisgriess
- ½ l Gemüsebrühe
- 200 g Ziegenfrischkäse
- 1 grosse rote oder weisse Zwiebel
- je 1 EL fein gehackte Rosmarinnadeln und fein gehackte Thymianblättchen
- 2–4 Salbeiblättchen, in Streifchen
- 50 g gehackte Baum- / Walnüsse
- frisch gemahlener Pfeffer
- Kräutermeersalz
- 2 EL Olivenöl

1 Maisgriess mit Gemüsebrühe aufkochen und unter Rühren 2 Minuten köcheln. Polenta noch warm auf einem eingefetteten Backpapier dünn verstreichen. Erkalten lassen.

2 Ziegenfrischkäse über den Mais bröckeln. Zwiebel in feine Streifen schneiden/hobeln und darauf verteilen, mit Kräutern und Nüssen bestreuen, mit Salz und Pfeffer würzen, mit Olivenöl beträufeln.

3 «Flammkuchen» im vorgeheizten Ofen bei 220 °C etwa 15 Minuten backen.

Tipps

Als Mahlzeit mit einem Salat servieren. Oder Flammkuchen zum Aperitif servieren.

Varianten

Ziegenfrischkäse durch Roquefort oder Gorgonzola ersetzen (sehr salzig). Zwiebel durch Lauch oder Zucchini ersetzen.

kcal	**465,9**
Fett in g	**22,4**
mehrfach ungesättigte Fettsäuren in g	**8,7**
einfach ungesättigte Fettsäuren in g	**7,6**
gesättigte Fettsäuren in g	**5,3**
Kohlenhydrate in g	**50,1**
Eiweiss in g	**13,4**
Ballaststoffe gesamt in g	**4,5**
Natrium in mg	**363,2**

ROCCO

Desserts

Mangoköpfchen

für 4 Personen

für 4 Förmchen

- 1 reife Mango (150 g Mangopüree)
- 50 g Agavendicksaft oder Akazienblütenhonig
- ½ TL Agar-Agar-Pulver (Reformhaus)
- 40 g Dinkel- oder feiner Maisgriess
- 1 ½ dl/150 ml Rahm/Sahne

- Fruchtsauce, z. B. aus Himbeeren
- Zitronenmelisse

1 Mango schälen und Fruchtfleisch vom Stein schneiden und pürieren, eventuell mit wenig Wasser verdünnen.

2 Zutaten bis und mit Rahm in eine Pfanne geben und unter Rühren aufkochen, in die Förmchen füllen, erkalten lassen.

3 Mangoköpfchen stürzen. Mit der Fruchtsauce umgeben, mit Zitronenmelisse garnieren.

kcal	214,6
Fett in g	12,3
mehrfach ungesättigte Fettsäuren in g	0,4
einfach ungesättigte Fettsäuren in g	3,6
gesättigte Fettsäuren in g	6,7
Kohlenhydrate in g	23,5
Eiweiss in g	2,3
Ballaststoffe gesamt in g	1,3
Natrium in mg	18,4

Rotweinzwetschgen

für 4 Personen

- 250 g Dörrzwetschgen
- 2–3 dl/200–300 ml fruchtiger Rotwein
- 2–3 EL Vollrohrzucker
- 2 Zimtstangen
- 1 Vanilleschote, aufgeschnitten
- 2 Gewürznelken
- 1 Bio-Orange oder Bio-Zitrone, wenig abgeriebene Schale

- Schlagrahm/-sahne

1 Zwetschgen, Rotwein, Zucker und Gewürze aufkochen, Früchte bei schwacher Hitze 20 bis 40 Minuten köcheln lassen, je nach Qualität der Zwetschgen 2 bis 3 Stunden oder über Nacht ziehen lassen.

2 Gewürze entfernen. Zwetschgen erwärmen, anrichten und mit Schlagrahm garnieren.

Variante

Im Sommer/Herbst frische Zwetschgen verwenden.

kcal	414,4
Fett in g	16,3
mehrfach ungesättigte Fettsäuren in g	0,6
einfach ungesättigte Fettsäuren in g	4,7
gesättigte Fettsäuren in g	8,9
Kohlenhydrate in g	43,9
Eiweiss in g	3,5
Ballaststoffe gesamt in g	8,7
Natrium in mg	26,3

Zitronen-Mascarpone-Mousse

für 4 Personen

- 250 g Mascarpone
- 50 g Zucker oder Akazienblütenhonig
- 1 dl/100 ml Rahm/Sahne
- 1 Bio-Zitrone, abgeriebene Schale und Saft

- Beeren
- wenig Zitronensirup
- 1 Bio-Zitrone

1 Mascarpone, Zucker, Rahm, Zitronenschale und -saft verrühren. Mousse über Nacht in den Kühlschrank stellen.

2 Mousse mit Eisportionierer portionieren, anrichten. Mit Beeren umgeben und Beeren mit Zitronensirup beträufeln. Von der Zitrone mit Zestenreisser dünnschalige Zesten abziehen und in Streifchen schneiden, als Garnitur verwenden.

Zum Rezept

Unerwarteter Besuch? Dieses Dessert ist goldrichtig. Es ist super schnell essbereit und muss nicht zwingend gekühlt werden. Einfach in Gläser füllen und servieren.

Produkteinfo

Mascarpone sollte man immer im Vorrat haben, er ist sehr lange haltbar. Und Zitronen gehören zur «Grundausstattung».

kcal	**390,2**
Fett in g	**33,4**
mehrfach ungesättigte Fettsäuren in g	**1,0**
einfach ungesättigte Fettsäuren in g	**8,2**
gesättigte Fettsäuren in g	**21,3**
Kohlenhydrate in g	**18,2**
Eiweiss in g	**3,9**
Ballaststoffe gesamt in g	**1,1**
Natrium in mg	**36,7**

Sommerlicher Hirse-Beeren-Traum

für 4 bis 6 Personen

- 80 g Hirsemehl, sehr fein gemahlen
- 1 Prise Vanillepulver
- ½ l Milch
- 2–3 EL Akazienblütenhonig
- 200 g Crème fraîche oder 2 dl/200 ml Rahm/Sahne
- 200 g Beeren, z. B. Erdbeeren, Himbeeren, Heidelbeeren, Brombeeren

- Beeren, für die Garnitur

1 Hirsemehl und Vanillepulver mit der Milch verrühren, unter Rühren aufkochen und köcheln lassen, bis die Masse bindet. Die Hirsecreme in einer Schüssel unter häufigem Rühren erkalten lassen. Mit Honig süssen. Crème fraîche oder steif geschlagenen Rahm unterziehen. Kühl stellen.

2 Beerenmix in Gläser oder Portionenschalen füllen. Hirsecreme daraufgeben, mit Beeren garnieren.

Zum Rezept

Das Dessert ist noch mehr als nur ein kulinarischer Traum! Es ist auch sehr gesund. Die Hirse ist glutenfrei und enthält viel Eisen.

kcal	**283,5**
Fett in g	**16,7**
mehrfach ungesättigte Fettsäuren in g	**0,6**
einfach ungesättigte Fettsäuren in g	**4,7**
gesättigte Fettsäuren in g	**9,5**
Kohlenhydrate in g	**26,9**
Eiweiss in g	**5,6**
Ballaststoffe gesamt in g	**1,1**
Natrium in mg	**59,5**

Zabaione mit Lavendel

für 4 Personen

Zabaione

- 4 Eigelbe
- 1 Ei
- 1 dl/100 ml Weiss- oder Rotwein
- ½ dl/50 ml Marsala
- 2 EL Grand Marnier
- 3 EL Orangenblüten- oder Akazienblütenhonig
- ¼ TL fein gehackte Lavendelblüten oder fein gehackte Rosmarinnadeln oder Ananassalbeiblättchen

- pochierte, geschälte, halbierte Pfirsiche oder Aprikosen oder Zwetschgen oder geschälte Apfelschnitze oder Beeren

1 Alle Zutaten in eine Schüssel geben und über dem leicht kochenden Wasserbad zu einer luftig-cremigen Masse aufschlagen.

2 Früchte in Schalen füllen, Zabaione darüber verteilen.

kcal	**229,5**
Fett in g	**7,9**
mehrfach ungesättigte Fettsäuren in g	**1,4**
einfach ungesättigte Fettsäuren in g	**3,3**
gesättigte Fettsäuren in g	**2,4**
Kohlenhydrate in g	**21,3**
Eiweiss in g	**6,0**
Ballaststoffe gesamt in g	**2,1**
Natrium in mg	**34,9**

Nuss-Marroni-Parfait

für 6 Personen/Souffléförmchen

- 2 Eier
- 70 g Akazienblütenhonig oder Vollrohrzucker oder halb/halb
- 1 EL Baum-/Walnusslikör
- 1 Msp Vanillepulver
- 100 g Marroni-/Vermicellepüree
- 25 g gehackte Baum-/Walnüsse
- 2 ½ dl/200–250 ml Rahm/Sahne

Eier mit Honig und Nusslikör in einer Schüssel über dem heissen Wasserbad warm rühren, dann in der Küchenmaschine während 10 Minuten zu einer luftigen, cremigen Masse rühren. Marronipüree und Nüsse unterrühren. Am Schluss steif geschlagenen Rahm vorsichtig unterziehen. Masse in Portionenförmchen oder in eine Cakeform füllen und im Tiefkühler gefrieren lassen.

Varianten

Baumnüsse durch Haselnüsse ersetzen.

Tipp

Mit Beeren oder Rotweinzwetschgen servieren.

kcal	**229,5**
Fett in g	**18,3**
mehrfach ungesättigte Fettsäuren in g	**3,0**
einfach ungesättigte Fettsäuren in g	**5,8**
gesättigte Fettsäuren in g	**8,9**
Kohlenhydrate in g	**21,1**
Eiweiss in g	**4,5**
Ballaststoffe gesamt in g	**1,3**
Natrium in mg	**43,4**

Kürbispie

für eine runde Form von 26 cm Durchmesser
für 6–8 Portionen

Geriebener Teig

- 250 g Weizen- oder Dinkelvollkornmehl
- 125 g kalte Butterstückchen
- 1 Prise Salz
- 50 g Akazienblütenhonig oder Ahornsirup
- 1–3 EL Wasser
- 1 Ei

Füllung

- 120 g Pekannüsse, grob gehackt, nach Belieben
- 3 EL Vollrohrzucker
- 40 g weiche Butter
- 300 g Kürbispüree, Seite 150
- 2 Eier, verquirlt
- 200 g Crème fraîche
- 1 Msp Salz
- ½ TL Ingwerpulver
- ¼ TL Nelkenpulver
- ¼ TL geriebene Muskatnuss
- 1 TL Zimtpulver
- 2 EL Akazienblütenhonig
- 3 EL Rum oder Orangensaft

- Kokosraspel, zum Bestreuen

1 Für den Teig Mehl und Butter von Hand krümelig reiben. Auf die Arbeitsfläche häufen und eine Vertiefung machen. Salz, Honig, Wasser und Ei in die Vertiefung geben und rasch zu einem Teig zusammenfügen. Nicht kneten. Teig in Folie einwickeln und 30 Minuten kühl stellen.

2 Teig zwischen Klarsichtfolien auf Formgrösse ausrollen. In die eingebutterte Form legen.

3 Für die Füllung Nüsse, Zucker und Butter verrühren, auf dem Teigboden verstreichen. Übrige Zutaten verrühren, in die Form giessen.

4 Pie im vorgeheizten Ofen bei 230 °C auf mittlerem Einschub 10 Minuten backen. Hitze auf 190 °C reduzieren, weitere 40 Minuten backen. Pie erkalten lassen. Mit Kokosraspel bestreuen.

Tipp

Mit Schlagrahm/-sahne servieren.

kcal	**617,3**
Fett in g	**42,6**
mehrfach ungesättigte Fettsäuren in g	**4,1**
einfach ungesättigte Fettsäuren in g	**16,4**
gesättigte Fettsäuren in g	**19,9**
Kohlenhydrate in g	**47,3**
Eiweiss in g	**10,0**
Ballaststoffe gesamt in g	**3,8**
Natrium in mg	**161,0**

Kürbismuffins

Abbildung Seite 153

für 12 Muffins

- 300 g trockenes Kürbispüree, nebenan
- 150 g weiche Butter
- 150 g Vollrohrzucker
- 2 Eier
- ½ TL Salz
- je 1 TL Vanille- und Zimtpulver
- ½ TL geriebene Muskatnuss
- ¼ TL Nelkenpulver
- 300 g Dinkelweissmehl
- 2 TL phosphatfreies Backpulver
- 100 g Sultaninen

- 36 Papierförmchen

1 Backofen auf 190 °C vorheizen. Für einen Muffin 3 Papierförmchen ineinanderstecken.
2 Butter, Zucker und Eier luftig-cremig aufschlagen. Salz, sämtliche Gewürze, Kürbispüree sowie das mit Backpulver gemischte Mehl darunterrühren. Sultaninen zugeben. Teig in die Förmchen füllen.
3 Förmchen in der Mitte in den Ofen schieben, Muffins bei 190 °C 20 bis 25 Minuten backen.

kcal	269,1
Fett in g	10,9
mehrfach ungesättigte Fettsäuren in g	0,4
einfach ungesättigte Fettsäuren in g	2,9
gesättigte Fettsäuren in g	6,9
Kohlenhydrate in g	37,5
Eiweiss in g	3,8
Ballaststoffe gesamt in g	2,1
Natrium in mg	183,2

Kürbispüree

500 g Kürbis, z. B. Butternut oder Muscade de Provence (entkernt, geschält, gewürfelt), im Dampf garen. Pürieren. Salatsieb mit einem Küchen- oder Mulltuch auslegen, Kürbispüree einfüllen und einige Stunden abtropfen lassen. Die Püreemenge variiert je nach Kürbissorte. 500 g Muscade de Provence (sehr wässrige Sorte) ergeben 200 g abgetropftes Kürbispüree, 250 g Potimarron (mehlige Sorte) ergeben rund 200 g abgetropftes Kürbispüree.

kcal	62,0
Fett in g	0,3
mehrfach ungesättigte Fettsäuren in g	0,1
einfach ungesättigte Fettsäuren in g	0,0
gesättigte Fettsäuren in g	0,1
Kohlenhydrate in g	9,6
Eiweiss in g	2,3
Ballaststoffe gesamt in g	4,6
Natrium in mg	6,0

Orangenparfait

für 6 Personen/Soufflèförmchen

- 2 Eigelbe
- 2 EL Orangenblütenhonig
- 1 Bio-Orange, abgeriebene Schale
- 2 ½ dl/250 ml Rahm/Sahne

Orangensalat

- 3 Bio-Orangen
- 2 EL Cointreau
- 1 EL Orangenblütenhonig
- 1 EL Mandelstifte oder -blättchen, leicht geröstet

1 Für das Parfait Eigelbe und Honig luftig aufschlagen. Orangenschale unterrühren. Rahm steif schlagen und unterziehen. Masse in Portionenförmchen füllen. Im Tiefkühler 2 Stunden oder länger fest werden lassen. Orangenparfait 10 Minuten vor dem Servieren in den Kühlschrank stellen.

2 Orange vom Soufflé und Früchte für den Salat oben und unten kappen. Schale am Fruchtfleisch entlang wegschneiden. Orangenschnitze mit einem spitzen Messer aus den Trennhäutchen schneiden. Cointreau und Honig verrühren, über die Orangen träufeln, 15 Minuten marinieren.

3 Orangenfilets kreisförmig auf Teller legen, die Mitte für das Parfait frei lassen. Den Rand des Parfaits mit einem Messer lösen, Köpfchen auf Teller stürzen. Restliche Fruchtsauce darüberträufeln. Mit den Mandelstiften garnieren.

Variante

Orangenblütenhonig durch Lavendel- oder Zitronenblütenhonig ersetzen.

kcal	**252,2**
Fett in g	**15,6**
mehrfach ungesättigte Fettsäuren in g	**0,8**
einfach ungesättigte Fettsäuren in g	**5,1**
gesättigte Fettsäuren in g	**8,6**
Kohlenhydrate in g	**19,5**
Eiweiss in g	**3,4**
Ballaststoffe gesamt in g	**2,9**
Natrium in mg	**19,1**

Zitronen-Kräuter-Muffins

für 12 Muffins

- 180 g Crème fraîche
- 2 Bio-Zitronen, abgeriebene Schale und Saft (ca. 1 dl/100 ml)
- 120 g Vollrohrzucker
- 2 Eier
- 80 g flüssige Butter oder 60 g Olivenöl
- 2 EL fein gehackte Kräuter, z. B. Zitronenthymian, Basilikum, Verveine und Melisse, gemischt
- 250 g Dinkelruchmehl
- 2 TL phosphatfreies Backpulver
- 1 Prise Salz

Guss

- 2 TL Zitronensaft
- Puderzucker, zum Bestäuben

- 36 Papierförmchen

1 Backofen auf 180 °C vorheizen. Für einen Muffin 3 Papierförmchen ineinanderstecken.

2 Crème fraîche, Zitronensaft und -schale, Zucker, Eier und Butter verrühren. Mehl, Backpulver, Salz und Kräuter mischen, nach und nach unterrühren. Teig in die Förmchen füllen.

3 Förmchen in der Mitte in den Ofen schieben, Muffins bei 180 °C etwa 25 Minuten backen. Noch warm mit Zitronensaft beträufeln. Nach Belieben mit Puderzucker bestäuben.

Tipp

Bei diesen Sommer-Muffins darf bei den Kräutern variiert werden.

kcal	**227,1**
Fett in g	**11,3**
mehrfach ungesättigte Fettsäuren in g	**0,7**
einfach ungesättigte Fettsäuren in g	**3,0**
gesättigte Fettsäuren in g	**6,8**
Kohlenhydrate in g	**25,7**
Eiweiss in g	**4,4**
Ballaststoffe gesamt in g	**1,8**
Natrium in mg	**151,6**

Register

S

T

W

Z

Die Autoren

Peter E. Ballmer, ehemaliger Chefarzt der Klinik für Innere Medizin und Direktor des Departementes für Innere Medizin am Kantonsspital in Winterthur. Seit Jahren befasst er sich mit der Bedeutung der mediterranen Ernährungsweise zur Prävention von Herz-Kreislauf-Erkrankungen sowohl bei gesunden Menschen wie auch bei Herzpatienten. Er gehört in der Schweiz zu den Pionieren, die erstmals die Mittelmeerernährung im Spital eingesetzt haben. Diese senkt nachweislich das Risiko von Herz-Kreislauf-Krankheiten. Peter E. Ballmer ist ehemaliges Mitglied der Ernährungskommission der Schweizerischen Herzstiftung, Past Präsident der Gesellschaft für klinische Ernährung der Schweiz (GESKES-SSNC) und Mitglied der eidgenössischen Ernährungskommission (EEK).

Erica Bänziger ist gebürtige Appenzellerin. Sie hat während vieler Jahre in Berlin und München gelebt und wohnt nun im Tessin. Als diplomierte Ernährungsberaterin ist sie Dozentin an verschiedenen Naturheilpraktikerschulen und leitet Kochkurse in der ganzen Schweiz. Im Fona Verlag sind in den vergangenen Jahren viele erfolgreiche Kochbücher von ihr erschienen.